© 2024 Andreas Schwarz
Herstellung und Verlag: BoD – Books on
Demand, Norderstedt
ISBN: 9783749437306

# Jetzt mal Buddha bei die Fische

Glaube(n) schreibt Geschichte(n)

Ein kurzer erhellender Exkurs

Wer kennt sie nicht, die nach Meinung des Autors erhellendste Szene der Filmgeschichte:

Brian von Nazareth versucht verzweifelt, die Meute seiner Jünger loszuwerden:

| | |
|---|---|
| Meute: | Sprich zu uns, Meister! |
| Brian: | Ihr sollt fortgehen! |
| Meute: | Er hat uns gesehen, er hat uns gesehen! Gib uns ein Zeichen! Er hat uns ein Zeichen gegeben, er hat uns doch hierhergeführt! |
| Brian: | Das war kein Zeichen, ihr seid mir einfach gefolgt! |
| Meute | (nach Eintritt mehrerer "Wunder"): Heil, Messias! |
| Brian: | Ich bin nicht der Messias! |

| | |
|---|---|
| Meute: | Ich sage, du bist der Messias; und ich muss es wissen, denn ich bin schon einigen gefolgt! |
| Brian: | Ich bin nicht der Messias, ganz, ganz ehrlich! |
| Meute: | Nur der wahrhaftige Messias leugnet seine Göttlichkeit! |
| Brian: | Was? Ihr müsst mir doch eine Chance lassen, da rauszukommen! Also gut, ich bin der Messias! |
| Alle: | Er ist es! Er ist es! |

Linke Reihe anstellen, jeder nur ein Kreuz!

Life is not a wishkonzert, wie ein berühmter Philosoph unserer Zeit so richtig erkannt hat.

Als Fußballtrainer weiß Jürgen Klopp, dass Technik und Taktik allein nicht immer reichen; entscheidend ist die Motivation, also der Glaube.

Wie entsteht Glaube und was bewirkt er?
Der geneigte Leser wird schnell erkennen, dass dieses Buch mit seinen paar Seiten nicht annähernd umfassend und detailgenau das Thema Glauben in seiner Vielfalt erleuchten kann.
(was für ein Wortspiel zum Thema Erleuchtung!)

Allein der Umfang und die Komplexität des Themas sind Grund genug, dass der Autor niemals Anspruch auf vollständige und korrekte Wiedergabe der Ereignisse und Zusammenhänge erheben kann, zumal er bedauerlicherweise nicht überall selbst anwesend sein konnte.

## Am Anfang: Der Affe beginnt mit der Sinnsuche

Irgendwo auf dem Weg vom Baum zum Boden und zum aufrechten Gang fragte sich der Affe: Warum eigentlich?

⇨ Von da an war er kein Affe mehr, sondern der Mensch! Tataa!

Warum wird es dunkel und hell, warum kommt da jetzt aus der Quelle kein Wasser mehr, warum habe ich heute wieder die Jagd verbockt? Und überhaupt: was macht das alles für einen Sinn?„Ich glaube, da steckt jemand dahinter!"

⇨ Die Religion war geboren! Tataa!

Jemand muss den Quellgeist geärgert haben. Den muss man besänftigen, damit wieder Wasser läuft.
Also mach ich mal was, was ihm gefallen könnte.
Und nach dem nächsten Regen: Wasser läuft wieder, alles richtiggemacht! Religion ist toll.


Die Welt unserer Vorfahren war voller Rätsel, die sie sich nicht erklären konnten.
Also mussten Erklärungen her.
Krankheit und Tod standen sie hilflos gegenüber.
Und dann war da noch die Frage: Was kommt danach?


### Jagdzauber an der Höhlendecke

1868 suchte ein Jäger im spanischen Altamira nach seinem entlaufenen Jagdhund. Dabei fand er den verschütteten Eingang einer Höhle. Da er wusste, dass sein Grundherr eingefleischter Naturwissenschaftler war, meldete er ihm seine Entdeckung.

Dieser machte sich zusammen mit seiner fünfjährigen Tochter Maria auch gleich auf die Suche nach dem Eingang.

Klein, wie sie war, konnte Maria als einzige sich stehend fortbewegen und sah als erster Mensch Zeichnungen von Rindern und anderen Tieren.

Ihr Vater, Don Marcelino, begann bald danach mit systematischen Grabungsarbeiten. Von Fachleuten als vulgären Streich eines Schmierers abgetan, wurden die Malereien jahrzehntelang nicht ernst genommen.

1940 entdeckten vier junge Männer im französischen Lascaux ebenfalls eine Höhle mit Zeichnungen von allerlei Tieren, aber auch Menschen.

Beide Höhlen zeigen Jagdszenen und auch Tiere, die man damals noch nicht kannte, sie waren ausgestorben.

Die Malereien in beiden Höhlen sind über 16.000 Jahre alt; das Höhlenklima erhielt sie bis zu ihrer Entdeckung.

1948 wurde die Höhle von Lascaux für die Öffentlichkeit eröffnet: Der Boden wurde ausgeschachtet, elektrisches Licht installiert, eine Treppe und eine Bronzetür eingebaut, um das Höhlenklima zu stabilisieren.

Dann aber ließ die Feuchtigkeit der Atemluft der Besucherströme und Pilze, die durch Treppe und Holzgeländer eingeschleppt wurden, die Zeichnungen schnell verfallen. Es wurden Maßnahmen zur Veränderung des Höhlenklimas getroffen, in Altamira wurde sogar 500 Meter vom Original eine genaue Kopie der Höhle und der Zeichnungen angefertigt.

Die Zeichnungen und Höhlenbilder sind der erste Nachweis von Jagdzauber. An manchen Tierbildern fand man Spuren von Pfeilschüssen. Indem der Schamane rituell die Tiere vor der Jagd symbolisch tötete, waren sie mit einem Zauber belegt und konnten während der Jagd leichter erlegt werden.

Eine andere Form des Jagdzaubers war die „magische Aufladung" der Jagdwaffen durch Zauberformeln oder Behandeln mit zauberkräftigen Substanzen aller Art.

Auch wurde versucht, eine spirituelle Verbindung mit den Jagdtieren aufzunehmen, um sie für die erfolgreiche Jagd gefügiger zu machen.

# Raus aus der Höhle zum offenen Himmel

Zehntausend Jahre später, also vor ca. fünftausend Jahren, waren die Menschen schon weiter:
Von der Jungsteinzeit bis in die Eisenzeit waren Megalithkulturen aktiv:

Mit Steinsetzungen wie z.B. Stonehenge oder riesigen Steinalleen wie in Carnac wurden dauerhafte Einrichtungen und Heiligtümer zur Beobachtung von Sonne, Mond und Sternen geschaffen.

Die Sonne brachte Licht und Wärme, sie musste eine Gottheit sein. Auch Mond und Sterne konnten noch nicht als Himmelskörper zugeordnet werden.

Der größte Menhir, der heute noch steht, ist der neun Meter hohe Menhir von Kerloas bei Brest, er wiegt ca. 150 Tonnen.

Der Grand Menhir Brise bei Carnac war ursprünglich 21 Meter hoch, sein Gewicht wurde auf über 280 Tonnen geschätzt. Er wurde schon vor tausenden von Jahren von Menschenhand gestürzt und ist dabei in vier Teile zerbrochen; einer der ersten Nachweise menschlicher Zerstörungswut.

Und warum handelt die Obelix GmbH & Co.KG dann mit Hinkelsteinen statt Menhiren?

Weil der Deutsche Name für Menhire Hünensteine war. Irgendwann wurde das falsch verstanden als Hühnersteine; auf neudeutsch Hinkelsteine!

### Pyramiden

Nicht viel später begann man in Ägypten die ersten Pyramiden zu errichten. Als Grabmäler für die gottgleichen Pharaonen wurden ab der dritten Dynastie die ersten Stufenpyramiden begonnen, von denen nur die von Djoser in Sakkara fertig wurde, zwei andere blieben unvollendet.

Die Cheops-Pyramide, die 2.600 v.Chr. begonnen wurde, besteht aus über drei Millionen Steinblöcken, deren durchschnittliches Gewicht bei 2,5 Tonnen liegt. Ursprünglich war sie komplett mit schneeweißen Kalksteinblöcken verkleidet, die im Mittelalter vollständig abgetragen wurden und als Baumaterial für sonstige Zwecke dienten.

Sie war fast 150 Meter hoch und genau 230,33 Meter im Quadrat. Ihre Seiten sind genau nach den vier Himmelsrichtungen ausgerichtet.

Über zwanzig Jahre arbeitete das Volk für den Bau, der dem Pharao den Himmelsaufstieg erleichtern sollte.

Die ägyptische Mythologie behandeln wir aber später.

Was formt den Glauben?

Was die Menschen glaubten, hing immer von ihren Lebensbedingungen ab. Die Jäger und Sammler wurden sesshaft, der technische und wissenschaftliche Fortschritt wurde immer wichtiger.

Deshalb haben sich über die Jahrtausende die religiösen Vorstellungen stark verändert.
Glaube ist immer der Wunsch nach Geborgenheit und Zugehörigkeit.

Der Alltag der Menschen entscheidet über die Religion. Diejenigen, die überhaupt die Wahl hatten, stellten sich die Frage, welche Religion ihnen helfen kann, ihr Leben richtig zu gestalten. Gibt die Religion Antwort auf Probleme, den Sinn und das Leben nach dem Tod?

Religiöse Gruppen, die weltweit die meisten Anhänger haben, nennt man Weltreligionen:

Buddhismus, Hinduismus, Judentum, Islam und Christentum.

Das Christentum, die Religion mit den meisten Anhängern weltweit, über zwei Milliarden, ist zersplittert in viele Zweige, hauptsächlich die katholische, evangelische und orthodoxe Kirche.

Erst kürzlich spaltete sich die orthodoxe Kirche der Ukraine von der russisch-orthodoxen Kirche ab, als Reaktion der Annexion der Krim durch Russland.

Ein gutes Beispiel, wie Glaube und Macht (Politik) zusammenhängen.

Der Islam hat ca. eine Milliarde Anhänger, danach folgen Hindus, Buddhisten und Juden.

## Buddha

Siddharta Gautama wurde um 563 v.Chr. in Lumbini im heutigen Nepal geboren. Seiner Mutter erschien er während der Schwangerschaft angeblich in Gestalt eines weißen Elefanten.

Der Seher Asita weissagte ihm, dass er einst ein großer König werde, oder aber, wenn er das Leid der Welt erkennen würde, ein großer heiliger Mann.

Shuddhodana, sein Vater; Regent von Kapilavatsu, einem Reich im heutigen Indien und Nepal und seine Frau Maya taten das, was alle Helikoptereltern schon immer taten: Die Nerven verlieren.

Alles in ihrer nicht geringen Macht Stehende wurde unternommen, um Leid oder Unwohlsein hermetisch vom Söhnchen fernzuhalten.

Nach dem frühen Tod von Maya ehelichte Shuddhodana die Schwester seiner Frau, Pajapati.

Die sonst übliche religiöse Unterweisung wurde Siddharta vorenthalten; nicht, dass er auf dumme Gedanken kommen könnte, und mit sechzehn wurde er mit seiner hübschen Cousine Yasodhara vermählt.
Sie lebten im Luxus, jeglicher Mangel oder Leid blieb ihnen fremd.

Und?
Zu was führte das?

Unzufriedenheit!

Mit 29 wurde der Sohn Rahula (auf Deutsch: Fessel!) geboren. Kurz darauf begann Siddharta, Ausflüge außerhalb des Palastes, den er sonst nie verließ, zu unternehmen.

Einmal traf er einen Alten; erkannte, dass niemand ewig lebt. Einmal einen Kranken; einmal einen verwesenden Leichnam, einmal einen Asketen.

Jetzt also doch: Altern, Krankheit, Tod und Schmerz; diese Wirklichkeiten sind eng mit dem „wahren Leben" verbunden. Ruhm und Reichtum? Sind vergänglich.

Ein Weg aus diesem allgemeinen Leid, das das Leben scheinbar ist, musste her.

Er verließ Frau und Palast und begann als Asket die Suche nach der Erlösung. Als Schüler zweier angesehener brahmanischer Eremiten erlernte er die Praxis des Yoga und der Meditation. Sechs Jahre lang probierte er alle damals bekannten Religionen und ihre Methoden; doch er kam seinem Ziel einfach nicht näher.

Kurz vor dem Hungertod durch exzessive Askese beschloss er, seinen eigenen, den mittleren Weg zu gehen: mehr Meditation, weniger Askese.

Und siehe da: In einer Vollmondnacht saß er in tiefster Versenkung unter einer Pappelfeige, als er „erwachte"!

Bodhi ist das alte Wort für Erwachen; deshalb wird die Pappelfeige auch Bodhi-Baum genannt.

Hass, Begierde und Unwissenheit waren von ihm abgefallen.

Er erklärte sich das so:
Das Leid wird weder durch Schicksalsschläge oder die -gerade in Indien gültige- soziale Ungerechtigkeit verursacht. Vielmehr sind die wirklichen Ursachen die eigenen Denk- und Verhaltensmuster.
Meine Erfahrung- egal wie schön oder unschön- versuche ich mal als das zu sehen, was sie ist: nur eine Erfahrung.

Somit kann ich versuchen zu steuern, dass mir eine Erfahrung kein Leid verursacht.

Ich soll nicht töten, keine sexuellen
Ausschweifungen begehen, nicht stehlen, denn das
sind Folgen meiner Begierde nach Macht,
Reichtum und Lust.
Erlischt das Feuer der Begierde, gelange ich ins
Nirvana, der Zustand völliger Ruhe und
Gelassenheit!
Ab jetzt kein Leid, kein Neid und kein
Wunschdenken!

Die Erfahrungen, die ich nach wie vor erlebe-
positiv wie negativ- verursachen mir kein Leid mehr.
Begehre ich nicht, leide ich nicht.

Der Buddhismus war geboren; Siddharta nannte
sich Buddha, der Erwachte.

Trotzdem musste er essen: mit achtzig Jahren starb
er, nachdem er ein verdorbenes Gericht gegessen
hatte.

Seine Frau Yasodhara und seine Stiefmutter
Pajapati verließen ebenfalls ihren goldenen Käfig:
sie beendeten ihr Leben als Nonnen im Orden
von Buddha.

Auch ein anderer Nirvana-Gründer sollte sich zweieinhalbtausend Jahre später mit einer Schrotflinte in den Zustand völliger Ruhe und Gelassenheit befördern: auf diese Weise machte auch er sich unsterblich.

## Konfuzius

Zehn Jahre jünger als Buddha war ein gewisser Kong Qiu, ein Nachfahre der Herrscher des Königreichs Shang im heutigen Shandong in China. Sein Vater starb früh, seine Mutter zog ihn allein auf.
Mit 19 heiratete er und wurde Staatsdiener; mit fünfzig schaffte er es zu einem Ministerposten.

Erst Bauminister, dann Justizminister, schließlich stellvertretender Kanzler.

Angewidert vom höfischen Leben als Beamter quittierte er bereits nach einem Jahr enttäuscht und desillusioniert seinen Dienst: er wurde Wanderprediger, zog mit seinen Schülern von einem Lehensstaat zum nächsten und wirkte als Berater an verschiedenen Fürstenhöfen. In seinen Heimatstaat Lu kam er drei Jahre vor seinem Tod eigentlich erfolglos zurück.

Aufgeschrieben hat er nichts; nur mündlich seinen Schülern die Maxime seiner Lehre hinterlassen, die sie nach seinem Tod erfolgreich verbreiteten:

Mitmenschlichkeit, Gerechtigkeit; kindliche Pietät und Einhaltung der Riten.
Richtiges Verhalten gegenüber anderen Menschen befreit von Sorgen.

Weisheit bewahrt vor Zweifeln.

Entschlossenheit überwindet die Furcht.

Die goldene Regel der praktischen Ethik benutzte er als Richtschnur der Basis ethischen Handelns:
Was du nicht willst, das man dir tu, das füge keinem Andern zu.

Lehrmeister Kong - auf Chinesisch: Konfuzius-lebte in seinen letzten Jahren in der beginnenden Zeit der streitenden Reiche: Anfänglich kämpften 16 Fürstentümer um die Vorherrschaft in China.

Einer seiner Jünger starb auf dem Schlachtfeld, ein Jahr später auch er.

So wie er zogen damals viele Denker mit ihren Schülern von Staat zu Staat. Jeder hoffte, bei den verschiedenen Herrschern seine Ideen an den Mann zu bringen.

Die Familie Kong besteht heute immer noch in gerader Linie. Seine Nachfahren, heute mehrere tausend, leben mittlerweile in 75. Generation in China und Taiwan.

Wohl der älteste nachweisliche Stammbaum der Welt.

Nach dieser 250 Jahre dauernden Zeit der streitenden Reiche war das zerstörte China reif für den Konfuzianismus als Staatsdoktrin:

Der Anspruch auf Vervollkommnung der Gesellschaft. Jede Person hat aufgrund der hierarchischen Struktur eine bestimmte soziale Rolle und hat sich gemäß dieser zu verhalten.

Qin Shijuangdi, König des zuletzt siegreichen Reiches Qin, nannte sich fortan „Erster erhabener Gottkaiser von Qin" und begründete damit das chinesische Kaiserreich.

Von den 30 Millionen Einwohnern seines Reiches starben über zwei Millionen durch Hinrichtung oder Zwangsarbeit.

Auch seine panikartige Angst vorm Tod entsprach nicht unbedingt der Lehre der Vervollkommnung:

Unter anderem entsandte er eine über dreitausend Mann starke Expedition aus, um das Elixier des ewigen Lebens zu finden. Diese kam nie wieder zurück; wohl wissend, dass ein Heimkommen ohne das Elixier ihren sicheren Tod bedeutet hätte.

Eine Legende besagt, dass die Expeditionsteilnehmer sich nach Japan abgesetzt hätten und dort das japanische Kaisertum gründeten.

An der großen chinesischen Mauer und an seinem eigenen Mausoleum mit der berühmten Terrakottaarmee ließ der göttliche Kaiser über eine Million Menschen arbeiten.

Die Konstrukteure und Arbeiter an seinem Grabmal ließ er lebendig begraben, damit keine Informationen über die Lage und Aufbau bekannt werden.

Seine Qin-Dynastie, die nach seinen Worten 10.000 Generationen andauern sollte, endete bereits nach drei.

# Laotse

Laotse lebte ungefähr zur selben Zeit wie Buddha und Konfuzius.

Anders als diese war er aber nicht Teil der herrschenden Klasse.

Er diente sich hoch bis zum Archivar; als er jedoch erkannte, dass das Reich, in dem er lebte verfiel, schmiss er hin und ging auf Wanderschaft.

Er begründete den Taoismus; die Lehre vom rechten Weg.

Ziel ist es, die vollkommene Harmonie auf mystisch-intuitive Weise, nicht durch bewusstes Handeln, Verstand und Willenskraft zu erreichen.

Tao ist der Begriff für eines der ganzen Welt zugrundeliegenden, alldurchdringenden Prinzips.

Die höchste Wirklichkeit und das Absolute.

Der Weise verwirklicht das Tao durch Anpassen an den Wandel, das Werden und das Wachsen, welches die Welt ausmacht.

Laotse sagt: „Das Tao, dass sich mit Worten beschreiben lässt, ist nicht das absolute Tao". Noch Fragen?

Die „Drei Lehren", also Konfuzianismus, Taoismus und Buddhismus, ergänzen sich und bilden als Einheit die drei großen Lehren Chinas:

So war ein chinesischer Beamter in seiner Amtsausführung selbstverständlich Konfuzianer. Legte er Wert auf lebensverlängernde Maßnahmen, so war er Taoist, und starb jemand in der Familie, so konsultierte er einen buddhistischen Mönch, da die Buddhisten den besten Kontakt zum Jenseits hatten.

Diese drei bisher behandelten Lehren bildeten über Jahrtausende die Basis der ostasiatischen Gesellschaft.

## Taiping-Aufstand

Seit dem ersten Opiumkrieg 1839-1842 hatten chinesische Beamte kein Recht, britische Schiffe zu kontrollieren.

Das machten sich chinesische Händler zu Nutze, die Schiffe mit chinesischen Besatzungen unter britischen Kapitänen fahren ließen.

1856 gingen trotzdem chinesische Beamte an Bord der Lorcha Arrow, um den offensichtlichen Opiumhandel zu unterbinden.

Ein willkommener Anlass für die Briten, China den Krieg zu erklären. Dem schloss sich auch schnell Frankreich an, um seine Einflusssphäre zu erweitern.

Die veraltete kaiserliche Armee hatte gegen die Kolonialtruppen keine Chance.

Briten und Franzosen marschierten in Peking ein und plünderten den Sommerpalast. Unter anderem nahmen sie fünf Peking-Palasthunde mit, die bis dahin nur im Kaiserpalast gehalten werden durften. Diese wurden Stammhalter der europäischen Pekinesen.

In der Folge sorgten die Europäer dafür, dass durch den ungehinderten Opiumhandel über 20 Millionen Chinesen opiumsüchtig wurden. Das Reich der Mitte kämpfte mit gewaltigen gesundheitlichen und deshalb sozialen und wirtschaftlichen Problemen.

Das war der Nährboden für religiöse Splittergruppen:

Hong Xiuquan gründete in Südchina gegen 1850 ebenfalls eine eigene Religion:

Er fiel insgesamt vier Mal durch die Beamtenprüfung. Von einem amerikanischen Missionar bekam er eine Handschrift mit dem Titel „Gute Worte zur Ermahnung der Welt", die er aufmerksam las.

Dann wurde er schwer krank und bekam im Fieberwahn Halluzinationen.

Er träumte, dass während seiner Himmelfahrt seine inneren Organe sich auf wundersame Weise erneuerten.

Auch begegnete ihm ein bärtiger Greis: Seiner Meinung nach Jesus oder Jehova.

Nach seiner Genesung versuchte er, den christlichen Glauben mit den konfuzianischen Moralvorstellungen zu verbinden.

Geschickt nutzte er die immer stärker werdenden ethnischen Konflikte für seine Zwecke. In kürzester Zeit scharte er 20.000 Anhänger um sich, die in der zerrütteten Gesellschaft keinen Halt mehr hatten.

Ab jetzt hatte die Taiping-Bewegung eine antikaiserliche, sozialrevolutionäre und nebenbei auch noch religiöse Ideologie.

Durch den unerwarteten Zulauf und seine Visionen gestärkt, gründete er das „Himmlische Reich des großen Friedens".

Auf chinesisch: Taiping Tianguo.

Mit einer auf 500.000 Mann angewachsenen Armee nahm er Nanjing ein.

30.000 kaiserliche Soldaten und tausende Zivilisten wurden getötet. Nur wer das schriftliche Zeichen für Unterwerfung auf seine Haustür malte und Tee bereitstellte, wurde verschont.

Nanjing wurde Hauptstadt des Himmlischen Königreiches und deshalb in Tianjing (Himmlische Hauptstadt) umbenannt.

Der Gouverneurspalast erschien Hong Xiuquan zu klein, deshalb ließ er ihn abreißen und durch eine standesgemäßere neue verbotene Stadt mit einem Durchmesser von fünf Kilometern errichten.

Der Taiping-Aufstand, der schließlich von Briten, Franzosen und der kaiserlichen Armee niedergeschlagen wurde, kostete über 30 Millionen Menschenleben.

# Mao Zedong

Noch ein Religionsgründer: Mao verkündet den Maoismus, eine Weiterentwicklung der kommunistischen Weltanschauung.

Der Konfuzianismus wird von Mao als Irrglaube verteufelt.

Allein die Machtfestigung dieses einen Mannes kostet fast zehn Millionen Chinesen das Leben.

Durch den „großen Sprung nach vorn" verlieren von 1954 bis 1958 45 Millionen Menschen durch Hunger ihr Leben.

1949 bis 1963 sterben zehn Millionen im Arbeitslager sowie durch Hunger nach Enteignungen.

Die althergebrachten Gesellschaftsstrukturen werden durch die Kulturrevolution abgeschafft:

Zur Stärkung seiner Macht und Beseitigung seiner Gegner startete Mao eine politische Kampagne:
Kapitalistische, bürgerliche und vor allem traditionalistische Kräfte sollten durch verstärkte Fortführung des Klassenkampfes entfernt werden.

Er hatte gründlich vorgesorgt und über die Schulen die Jugend auf sich eingeschworen:

Kinder bezichtigten ihre eigenen Eltern, an den alten chinesischen Traditionen festzuhalten. Diese landeten im Gefängnis, wurden gefoltert und verschwanden im Arbeitslager. Als sie ihren Zweck erfüllt hatten und die Übergriffe der fanatischen maoistischen Jugend allzu sehr Überhandnahmen, wurden die „Kämpfer" als Rote Garden aufs Land geschickt, um zu arbeiten und die Traditionen auch dort auszumerzen.
Ergebnis:
China wurde wirtschaftlich und vor allem gesellschaftlich weit zurückgeworfen. 1964 bis 1975 kostet die Kulturrevolution weitere acht Millionen Tote.

Grundlage für diese „Religion" war die Mao-Bibel: ein rotes Buch mit Worten des großen Vorsitzenden Mao Tsetung. Dieses rote Büchlein diente auch den Roten Khmer in Kambodscha als Gedankenbasis für ihr Terrorregime mit Millionen Toten.

Nebenbei noch ein kurzer Schwenk nach Tibet:

Dort war der Buddhismus Staatsreligion; der Führer der Dalai Lama.

Als sich Mao Tibet einverleibte, starben zehntausende Tibeter bei den Kämpfen. Im Anschluss ließ Mao tausende Klöster und fast alle kulturellen und religiösen Institutionen vernichten und die Mönche töten.

Noch heute sind außergerichtliche Hinrichtungen an der Tagesordnung, ebenso wie das Verschwinden lassen „aufsässiger" Tibeter.

Han-Chinesen verdrängen mit staatlicher Förderung die Tibeter und ihre verbliebene Kultur nach und nach. Nachhaltig.

Der Dalai Lama tingelt heimat- und volklos durch die Welt und predigt vor begeisterten Pazifisten und Religionssuchenden Gelassenheit und Nächstenliebe.

Wie ein Buchstabe doch den Unterschied macht:

Wahrhaftigkeit ist nicht viel wert ohne Wehrhaftigkeit.

Das gleiche Schicksal wie die Tibeter erlitten die Indianer Nordamerikas einhundert Jahre zuvor:

Im Einklang mit sich und der Natur, unter Führung des großen Geistes, benötigten Sie nur so viel, wie die Natur ihnen gab.

Heute sind sie verschwunden.

Der christliche Missionsbefehl galt als Legitimierung für die Landnahme und den diese begleiteten Genozid.

Mehr dazu später.

Heutzutage darf man ja nicht mehr das böse Rasse-Wort in den Mund nehmen.

Aber es war schon immer so, dass sich- bei Pflanzen, Tieren und selbstverständlich auch Menschen- die aggressivere Gruppe bzw. Rasse durchgesetzt hat.

## Die Griechen:

## Pythagoras

Zur selben Zeit wie Buddha, Konfuzius und Laotse, nur weiter westlich, wurde Pythagoras von Samos geboren.

Er entstammte einer vornehmen Familie, musste jedoch im Alter von vierzig Jahren nach Italien emigrieren, wo er in Kroton eine eigene Schule gründete.

Für ihn war die gesamte Welt auf Basis bestimmter Zahlen und Zahlenverhältnisse aufgebaut; eine harmonisch gestaltete Einheit.
Die Kenntnis der maßgeblichen Zahlenlehre war für ihn der Schlüssel zum Verständnis von allem und für eine natürliche Lebensführung.

Ziel sei es, sowohl im menschlichen Körper, als auch in Staat und Familie die gegensätzlichen Kräfte durch Ausgewogenheit in Einklang zu bringen.

Harmonie, Maß und Ordnung seien überall in der Umgebung zu finden. Er predigte die Seelenwanderung: Unterschiede zwischen tierischen und menschlichen Seelen gibt es nicht.

So wie Pythagoras von Samos in Griechenland nach Kroton in Italien auswanderte, wanderten zur selben Zeit, als Rom gegründet wurde im Zuge der großen Kolonisation griechische und phönizische Kolonisten aus und gründeten viele neue Stadtstaaten.

Die Phönizier in Palästina, Spanien und Nordafrika, wo sie den Grundstein für das mächtige Karthago legten.

Die Griechen in Ägypten und im gesamten nördlichen Mittelmeer sowie rund um das Schwarze Meer.

Die Nähe des von den Etruskern gegründeten Roms zu den griechischen Staatengründungen in Italien blieb nicht folgenlos; die Götterwelt der Griechen bildet auch die Basis der römischen.

## Auszüge aus der griechischen Mythologie

Aus dem Chaos entstehen als erste Göttergeneration:

Gaia (die Erde)                    Erebos (die Finsternis)

Tartaros (die Unterwelt)           Nyx (Die Nacht) und

Eros (die Liebe).

Gaia bringt aus sich selbst Pontos (das Meer), Ourea (die Berge) und Uranos, (den Himmel) hervor.

Uranos ist der erste Herrscher der Welt. Er wird von seinem Sohn, dem Titanen Kronos entmannt und entmachtet, jetzt herrschen die Titanen über die Welt.

Kronos wiederum wird von seinem Sohn Zeus gestürzt, die Herrschaft der olympischen Götter beginnt.
Zeus ist schlauer: er verschlingt seine schwangere Gattin Methis um zu verhindern, dass wiederum sein Sohn ihn stürzt.

Dutzende Götter bevölkern die griechische Mythologie.

Der Olymp, das höchste Gebirge Griechenlands, galt seit jeher als Sitz der Götter.

Hier nur die wichtigsten olympischen Götter:

**Zeus (römisch Jupiter)**
Göttervater, Herrscher über Himmel, Blitz und
Donner.

**Poseidon (römisch Neptun)**
Gott des Meeres, der Erdbeben und den Pferden;
Vater von Triton

**Hera (römisch Juno)**
Göttin der Familie; eifersüchtige Gattin und
gleichzeitig Schwester des Zeus

**Demeter (römisch Ceres)**
Erdgöttin, Göttin der Fruchtbarkeit

**Artemis (römisch Diana)**
jungfräuliche Göttin der Jagd und des Mondes

**Athene (römisch Minerva)**
jungfräuliche Göttin der Weisheit, Schutzherrin der
Helden, der Städte, des Ackerbaus, Krieg und Frieden,
Stadtgöttin Athens

**Ares (römisch Mars)**
Gott des Krieges

**Aprodite (römisch Venus)**
Göttin der Liebe und der Schönheit

**Hermes (römisch Merkur)**
Götterbote; Gott der Diebe, der Reisenden und des
Handels

**Hephaistos (römisch Vulkanus)**
Gott der Vulkane, des Feuers, der Schmiedekunst und
Architektur

**Hestia (römisch Vesta)**
jungfräuliche Göttin des Herdfeuers und der
Familieneintracht

**Dionysos (römisch Bacchus)**
Gott des Weines und der Extase

**Hades (römisch Pluto)**
Herrscher der Unterwelt. Bei ihm: Tantalos (Tod)
und Hypnos (Schlaf)

# Delphi

Zeus ließ einmal zwei Adler von je einem Ende der Welt losfliegen. Diese trafen sich bei Delphi, das seitdem die Mitte der Welt bildete.

Hier gebar Gaia auch die geflügelte Schlange Python, die auch Drache genannt wurde und hellseherische Fähigkeiten hatte. Hera, die Gattin von Zeus, war eine Enkelin von Gaia.

Ihr wurde prophezeit, dass Leto, eine Geliebte ihres Gatten, einmal Zwillinge gebären werde, die größer und stärker als ihre eigenen Kinder sein würden.

Also schickte Hera Python, um ihre schwangere Nebenbuhlerin Leto zu töten.

Zeus verhinderte das Attentat und Leto gebar Artemis und Apollon.

Als Apollon herangewachsen war, tötete er Python bei Delphi und durch das vergossene Blut übertrugen sich ihre hellseherischen Fähigkeiten auf den Ort.
Delphi wurde damit der Kontrolle Gaias entrissen und stand fortan unter dem Schutz Apollons.

Das Orakel von Delphi gab am siebten Tag jedes Monats im Sommer Auskunft; im Winter herrschte drei Monate Pause.
Sprachorgan des Orakels war die Pythia. Sie war die amtierende weissagende Priesterin, wurde aus den Einwohnerinnen von Delphi gewählt und musste jungfräulich bleiben.
Um das Orakel zum Sprechen zu bringen, brauchte man ein Omen.
Eine junge Ziege wurde mit eiskaltem Wasser bespritzt. Blieb sie ruhig, fiel das Orakel aus, alle Ratsuchenden mussten sich einen Monat gedulden. Zuckte die arme Ziege jedoch, wurde sie als Opfertier geschlachtet und auf dem Altar verbrannt. Jetzt konnten die Weissagungen beginnen:

Die Pythia begab sich zur heiligen Quelle Kastalia, wo sie nackt ein rituelles Bad nahm, um kultisch rein zu sein. Dann trank sie einige Schlucke heiligen Wassers aus der zweiten Quelle, der Kassotis.

Anschließend ging sie in den Apollontempel, begleitet von zwei Oberpriestern und dem Fünfmännerrat. Hier wurde sie vor den Altar der Hestia geführt, wo sie — benebelt durch Dämpfe aus einer Erdspalte- ihre Weissagungen in einer Art Trance machte.

Alle wichtigen Entscheidungen der Griechen erforderten die zustimmende Weissagung des Orakels.

Diese Weissagung bedurfte immer einer gewissen Interpretationsfähigkeit.

Als Krösus, der sprichwörtlich reiche König von Lydien, sich Rat holte, als er gegen den Perserkönig Kyros II zog, erhielt er die Weissagung, dass er ein großes Reich zerstören werde. Hinterher war er schlauer: gemeint war sein eigenes.

## Exkurs zu den Persern:

### Zarathustra

In der Forschung sehr umstritten ist das Geburtsdatum von Zarathustra, dem Gründer der für den persischen Raum und Indien gültigen Religion.

Manche Forscher meinen, er sei 1.800 v. Chr. geboren, andere, er sei Zeitgenosse der bisher behandelten Kollegen Religionsstifter.

Für das Verständnis des geneigten Lesers jedenfalls wichtig:
Pythagoras war glaubensstiftend für die Hellenen im Mittelmeerraum.
Zarathustra war glaubensstiftend für die Perser.

Er predigte als einer der ersten, gemeinsam mit dem Judentum, den Monotheismus:

Ahura Masda ist der Schöpfer der Welt auf dem Fundament der Wahrhaftigkeit.

Der Kampf zwischen dem guten Geist und dem bösen Geist, die Zwillinge sind, prägt den Glauben; am Tag des Jüngsten Gerichts wird das Gute über das Böse siegen.

Bis zu diesem Tag hat jeder Mensch Gelegenheit, sich für den rechten Weg zu entscheiden. Als einziges vernünftiges Wesen ist er frei geboren und kann allein durch freie Entscheidung und persönliche Einsicht zu Gott gelangen.

Jegliche Opferhandlungen werden im Gegensatz zu den alten Göttern abgelehnt.

Ins Paradies gelangt der Mensch an seinem Lebensende über eine Brücke. Für den rechtschaffenen Menschen ist diese Brücke ein breiter Weg, für den anderen schmal wie eine Messerschneide.

Kyros der Große gründete zwischen 559 bis 530 v. Chr. das erste Weltreich der Geschichte, das persische Großreich.

Diesem verleibte er auch das Babylonische Reich ein.

**Die Religion der Babylonier entwickelte sich aus der der Sumerer.**

Genau wie in der griechischen und römischen Mythologie waren die Gottheiten menschenähnlich und miteinander verwandt.

Meist handelte es sich um Stadtgottheiten, die je nach Machtverschiebung unter den Städten schwächer oder mächtiger werden konnten.

Die Hauptgottheiten wurden von Dienergöttern unterstützt, so wie bei Königen und ihren Dienern.

Das Pantheon, die Liste der Gottheiten, war genau wie in der obigen Aufzählung der olympischen Götter in zwei Spalten gehalten:

Auf der einen Seite die sumerischen Götter, auf der anderen deren babylonische Entsprechung.

Hier heißen die Götter z.B. Anu, Enlil, Ea, Sin, Samas Marduk oder Ishtar, der Gott des Krieges und der Liebe, bei uns bekannt durch das Ischtar-Tor, Teil der Mauern von Babylon, das sich heute im Pergamonmuseum in Berlin befindet.

Wie schon erwähnt, wurde Babylon von Kyros erobert. Er und sein Nachfolger Dareios 1. erlaubten den von den Babyloniern ins babylonische Exil verschleppten Juden die Rückkehr nach Jerusalem; der von den Babyloniern zerstörte Tempel wurde wiederaufgebaut.

Aber das ist wieder ein anderes Thema, das uns später beschäftigen wird.

**Exkurs beendet: zurück zu den Griechen:**

Sokrates, Platon und Aristoteles stellten erstmals revolutionäre Theorien auf:

Auf Basis von Logik, Wissenschaft, Staatslehre und Ethik stellten sie Verstand und Charakter in den Vordergrund.

Grundlage war Erziehung und Gewöhnung und demzufolge ein entsprechender Umgang mit Emotionen und Begierden.
Der Staat als Gemeinschaftsform ist Voraussetzung für das menschliche Glück.

## Hellenen(Griechen) und Perser kommen sich in die Quere

Da die Griechen rund ums Mittelmeer Stadtstaaten gründeten, auch an der Westküste Kleinasiens, musste es zwangsläufig Konflikt mit den Persern geben.

Die Ionischen (griechischen) Städte an der Westküste Kleinasiens (in der heutigen Türkei), lebten lange Zeit als Vasallen des Persischen Großkönigs, der den Vielvölkerstaat durch weitgehende Selbstverwaltung der einzelnen Satrapien (Provinzen) regierte.

Nach einem missglückten Feldzug der Perser gegen die Skythen im Norden blockierten persische Truppen den Zugang zum Schwarzen Meer und marschierten in Ägypten ein.
Für die den gesamten persischen Mittelmeerhandel dominierenden ionischen Städte brach der Handel praktisch zusammen.

Jetzt, nachdem der Wohlstand schwand, wurden erstmals die Stimmen gehört, die die Befreiung der Griechen vom persischen Joch propagierten.

Den folgenden Ionischen Aufstand schlugen die Perser blutig nieder, Milet wurde zerstört.

Der kleine Stadtstaat Athen auf dem griechischen Festland, von dem der persische Großkönig noch nie vorher gehört hatte, half den ionischen Aufständischen mit kleinen Kontingenten.

Dareios II vergaß den Athenern diese Rolle nicht; zwei Gründe sollten noch Folgen haben:

=>persisches Territorium wurde von auswärtigen „Dritten" vom griechischen Festland verletzt.

=>Während des Aufstands kam es zu umfassenden Schändungen persischer Heiligtümer; auch nach griechischem Recht gab das den Persern das Recht nach Rache und Vergeltung.

Womit wir nochmal elegant die Kurve zur Religion gekriegt haben.

## Perserkriege

492 v.Chr. entsandte Dareios II. seinen Schwiegersohn Mardonios mit einer Land- und Seestreitmacht nach Thrakien und Mazedonien, um

dort nach dem ionischen Aufstand die persische Oberhoheit wiederherzustellen.

Da die persische Flotte bei einem Sturm zerstört wurde, konnte er nicht weiter nach Süden, also nach Griechenland, vorstoßen.

Ein Jahr später schickten die Perser Gesandte in die griechischen Poleis: sie forderten Erde und Wasser, das Zeichen für die Unterwerfung.
Ansonsten boten die Perser weitgehende Freiheiten an.
Fast alle unterwarfen sich dem übermächtigen Großkönig.

Sparta und Athen nicht; Sparta würde seine Vormachtstellung unter den freien Griechen verlieren, Athen würde die Demokratie, eine eigene Errungenschaft, wieder gegen die alte Tyrannis eintauschen müssen.

Die persischen Gesandten wurden in Athen und Sparta getötet:
Ein ungeheurer Frevel; Gesandte waren unantastbar.
490 v. Chr. entsandte Persien erneut eine Flotte, um die Abtrünnigen zu vernichten.

Die Truppen landeten bei Marathon, Athen
sandte den Eilboten Pheidippides nach Sparta.
Der moderne Marathonlauf geht auf ihn zurück.
Sparta konnte bzw. wollte keine Truppen wegen
des stattfindenden Karneia-Festes schicken.

Dieses war für die Spartaner das bedeutendste Fest
überhaupt: während der neuntägigen Dauer durfte
kein Krieg geführt werden.
Ein junger Mann, der zuvor zu den Stadtgöttern
gebetet hatte, wurde von den unverheirateten
Männern, den „Weinrebenläufern" gejagt. Wurde er
gefangen, war das ein gutes Zeichen für die Stadt,
entkam er war das ein schlechtes Omen.

Wegen dieses Festes kamen die Spartaner drei Tage
zu spät zur Schlacht von Marathon, die Athen
zusammen mit dem verbündeten Plataiai gewann.
Plutarch formte 500 Jahre später die Legende, ein
Läufer sei nach der siegreichen Schlacht die 40
Kilometer von Marathon nach Sparta gelaufen und
mit den Worten „Wir haben gesiegt" tot
zusammengebrochen.
Die zweite Version des Ursprungs des
Marathonlaufs.
Dieser erste abgewehrte Angriff war für das
Selbstbewusstsein der Athener von enormer
Bedeutung. Außerdem waren Ansätze erkennbar,

dass die selbständigen griechischen Stadtstaaten einen gemeinsamen Panhellenismus entwickelten.

Zehn Jahre später fiel Xerxes, der Sohn von Dareios mit einer bis dahin nie gesehenen Streitmacht in Griechenland ein.

Nachdem ein Sturm eine Behelfsbrücke über den Hellespont zerstört hatte, ließ er das Meer mit 300 Rutenschlägen bestrafen. Außerdem ließ er Fußfesseln ins Meer werfen, die beiden Baumeister köpfen und dann die Brücke neu errichten.
Die Spartaner stellten sich unter ihrem König Leonidas bei den Thermophylen den Persern entgegen und hielten diese drei Tage lang auf, ehe sie durch Verrat umgangen und niedergemacht wurden.

Die Athener erhielten vom Orakel in Delphi die Weisung, die Stadt zu verlassen und sich mit hölzernen Mauern zu verteidigen. Ihr Führer Themistokles setzte sich mit der Deutung durch, die hölzernen Mauern als Schiffe zu deuten; bei Salamis vernichteten die Griechen die übermächtige persische Flotte; ein Jahr später besiegten die Griechen unter Pausanias, einem Halbbruder des gefallenen Leonidas, die Perser bei Plataiai und Mykale.

Nie wieder landete ein persisches Heer in Griechenland.

Und was machten die siegreichen Griechen?

Sie vernichteten sich im Peloponnesischen Krieg (Athen gegen Sparta) gegenseitig.

Im jetzt folgenden Korinthischen Krieg gewann Sparta, das jetzt von Persien unterstützt wurde, am Ende die Oberhand.

Im anschließenden „Königsfrieden" der Griechen trat das Perserreich unter Großkönig Artaxerxes II als Garantiemacht auf.

Griechen kämpften jetzt für die Perser.

In der „Anabasis" beschreibt Xenophon den Rückmarsch von zehntausend griechischen Söldnern, die im Auftrag von Artaxerxes kleinem Bruder Kyros gegen diesen kämpfen sollten.

Die Schlacht gewannen sie zwar, doch Kyros starb und sie machten sich auf dem „Zug der Zehntausend" auf den abenteuerlichen Heimweg nach Griechenland.

# Hellenismus

Der bereits vor diesem Exkurs erwähnte Aristoteles unterrichtete einen damals dreizehnjährigen namens Alexander in Philosophie, Kunst und Mathematik.

Der Junge hütete eine Abschrift der Ilias wie einen Schatz.

Denn, obwohl selbst Makedone, bewunderte er die griechische Kultur.

Der griechische Autor Homer schuf mit der Ilias und der Odyssee die beiden ältesten Dichtungen des Abendlandes.

In der Ilias, einem der ältesten aufgeschriebenen Werke Europas, ringen die Helden und Götter im Kampf um Troja gegen ihr Schicksal, dem sie nicht entrinnen können.

Auf griechischer Seite kämpfen u.a. die Götter Poseidon, Hephaistos, Athene und Hera an der Seite von Achilles, Ajax, Odysseus und Agamemnon.

Auf trojanischer Seite kämpfen u.a. die Götter Aphrodite, Apollon und Ares an der Seite von Hektor, Paris und Aeneas.

Agamemnon entehrt seinen besten Krieger Achilles, als er dessen Beute, die Priesterin Briseis raubt, um ein Machtexempel zu statuieren. Achilles beugt sich, tritt aber in den Streik.

Die Griechen erkennen schnell, dass sie ohne Achilles nicht gegen die Trojaner bestehen können, doch sowohl Agamemnon als auch Achilles sind vor Zorn nicht zur Versöhnung fähig. Damit verschulden sie den Tod vieler Griechen, da Zeus den Trojanern gewährt, bis ins Schiffslager der Griechen vorzustürmen.

Erst als Achilles Schützling und Freund Patroklos mit Achilles' Rüstung dessen Elitetruppe, die Myrmidonen anführt, wendet sich das Kriegsgeschick.

Im Übermut greift Patroklos die Stadt an und wird von Hektor getötet.

Achilles ist entsetzt über den Tod des Freundes und tauscht seinen Zorn auf Agamemnon gegen den Zorn auf Hektor.

Erst als er diesen getötet hat und den Leichnam schändet, verliert er seinen Zorn, da König Priamos, Hektors Vater, als gebrochener Mann um den Leichnam des Sohnes bettelt.

Paris, Hektors Bruder und als Entführer der schönen Helena Auslöser des Krieges, tötet Achilles mit einem vergifteten Pfeil.

Apollon lenkt ihn in die Ferse des Helden, als Achillesferse bekannt, die einzige verwundbare Stelle.

Nachdem die Stadt durch Odysseus' Trick mit dem trojanischen Pferd gefallen ist, gelingt nur wenigen, unter anderem Aeneas, die Flucht.

Dieser Aeneas führt das Palladion mit sich.

Nach griechischer Mythologie ist das Palladion ein altes Schnitzbild der Städteschirmerin Athene. Es wurde auf der Burg von Troja als Unterpfand der öffentlichen Wohlfahrt aufbewahrt.

Zeus soll es Ilios bei der Gründung Trojas als günstiges Zeichen vom Himmel zugeworfen haben.

Aeneas nahm es als Unterpfand für die Gründung eines neuen Staates mit nach Italien.

Seit der Gründung Roms wurde das Bild im Tempel der Vesta aufbewahrt, wo es aufs Strengste vor profanen Blicken bewahrt wurde.

Aeneas trug außer dem Abbild der Göttin auch seinen Vater Anchises auf den Schultern in die Fremde.

Aeneas Sohn Askanios, auch Iulus genannt (Ahnherr der Julier!) begleitet ihn, seine Frau Kreusa kann er nicht retten.

Im neu gegründeten Karthago in Nordafrika verliebt sich die dortige Königin Dido in ihn, nach seiner Abreise begeht sie Selbstmord.
Apollo befiehlt ihm durch das Orakel, die alte Mutter aufzusuchen, die sich als das personifizierte Italien herausstellt, wo er Alba Longa, die Mutterstadt Roms, gründet.

Wie später noch ausgeführt wird, war es bis ins hohe Mittelalter schick und populär, die eigene Abstammung von Rom - und damit auch von Troja-herleiten zu können.

Die Ilias behandelt nur einen Zeitraum von 51 Tagen im bereits zehn Jahre dauernden Trojanischen Krieg.

## Odyssee

Die Odyssee beschreibt die Heimfahrt des Odysseus, die ebenfalls zehn Jahre dauert:

Mit zwölf Schiffen landen Odysseus und seine Gefährten auf dem Rückweg von Troja bei den Lotophagen, den Lotosessern. Drei Kundschafter essen von der Frucht, die die Heimat vergessen lässt und müssen mit Gewalt zurückgeholt werden.

Dann landen sie im Lande der Kyklopen, wo der einäugige Riese Polyphem Odysseus mit zwölf

Gefährten in seine Höhle einsperrt und sechs von ihnen verspeist.

Odysseus stellt sich ihm als Niemand vor und als Polyphem schläft, stechen sie ihm mit einem glühenden Pfahl sein Auge aus. Die anderen Kyklopen eilen herbei, als sie die Schmerzensschreie hören; als Polyphem jedoch ruft, Niemand habe ihm etwas angetan, entfernen sie sich wieder.

Indem sie jeweils zwei Schafe zusammenbinden und sich an ihren Bauch klammern, können sie dem blinden Polyphem, der seine Schafe streichelt, entkommen.

Vor lauter Hochmut enthüllt Odysseus seinen richtigen Namen und Polyphem bittet seinen Vater Poseidon, sie umkommen zu lassen oder zumindest die Heimreise zu verzögern.

Der Windgott Aiolos schenkt Odysseus einen Schlauch, in dem alle Winde bis auf den Westwind eingesperrt sind, der sie nach Hause treibt.

Kurz vor dem Ziel öffnen seine ahnungslosen Kameraden den Schlauch und alle Winde entweichen, worauf sie wieder zu Aiolos zurückgetrieben werden, der verärgert jede weitere Hilfe verweigert.

Auf Telepylos werden alle Schiffe bis auf sein eigenes von den menschenfressenden Laistrygonen zerstört.

Die Überlebenden gelangen auf die Insel Aiaia, wo die Zauberin Kirke mit ihren Dienerinnen lebt. Sie verwandelt Odysseus' Männer in Schweine, er selbst ist durch das Kraut Moly geschützt. Kirke verliebt sich in ihn, verwandelt seine Männer wieder in Menschen und sie leben ein Jahr auf der Insel.

Nachdem er auf den Rat von Kirke die Unterwelt besucht hat, um sein weiteres Schicksal herauszufinden, kommen sie am Land der Sirenen vorbei. Odysseus lässt sich an den Mast binden und seine Männer mit Wachs ihre Ohren verschließen.

So kann er die verlockenden Gesänge der Sirenen hören, ohne wie andere Seefahrer an den Klippen zu zerschellen.
Sie passieren eine Meerenge, deren Ufer von zwei Seeungeheuern beherrscht werden, der sechsköpfigen Skylla und der Strudel verursachenden Charybdis.

Da sie dem Strudel ausweichen, kommen sie zu nah an die Skylla, die sechs Kameraden verschlingt.

Auf Thrinakia, der Insel des Sonnengottes Helios, schlachten sie vor lauter Hunger einige der heiligen Rinder des Helios. Zur Strafe kommen alle Gefährten bei einem Sturm ums Leben, den Zeus auf Drängen von Helios geschickt hat.

Odysseus allein kann sich auf die Insel Ogygia, wo die Nymphe Kalypso wohnt, retten. Sieben Jahre hält Kalypso ihn fest, ehe er mit einem Floß ins Land der Phäaken gelangt, wo ihn Nausikaa, die Tochter des Königs Alkinoos findet.

In seiner Heimat Ithaka wird derweil seine Gattin Penelope von Freiern bedrängt, sie hält sie hin mit der Prüfung, nur derjenige erhält ihre Hand, der den

Bogen des Odysseus spannen kann und damit einen Pfeil durch die Schaftlöcher von zwölf in einer Reihe stehenden Äxten schießt.

Odysseus, als Bettler verkleidet nur von seinem alten Hund Argos erkannt, schafft diese Aufgabe als Einziger und tötet danach alle Freier mit Hilfe seines Sohnes Telemachos.

## Alexander der Große

336 v.Chr. ließ sich Alexander, dessen Vater Philipp II während der Hochzeit seiner Tochter Kleopatra ermordet wurde, die Gefolgschaft der griechischen Städte versichern. Sein Vater hatte in jahrzehntelangen Kämpfen gegen die Illyrer, Thraker und die griechischen Stadtstaaten Makedonien zur Vormacht in Griechenland gemacht.

Die Griechen versuchten jedoch, allen voran das mächtige Theben, während eines Balkanfeldzuges Alexanders, dessen Herrschaft abzuschütteln. Er rächte sich, in dem er Theben vollständig mit Ausnahme der Tempel und des Wohnhauses des Dichters Pindar zerstören ließ. Sechstausend Einwohner wurden getötet, 30.000 in die Sklaverei verkauft. Von Thebens Schicksal erschüttert ergaben sich die restlichen Griechen.

Nicht ohne Grund legte Alexander großen Wert darauf, seine Abstammung von Zeus und Herakles herzuleiten. Wie in allen Zeiten folgt man bereitwillig einem Führer, der Erfolg hat, aber der Glaube an die Göttlichkeit dieses Führers ließ schon immer die Armeen Großes vollbringen.

Alexanders Vater hatte vor seinem Tod Pläne geschmiedet, (aus Rache für die Invasion 150 Jahre zuvor), in Persien einzumarschieren.
Sein Sohn setzte diese jetzt in die Tat um.

Er zog kampflos in das von den Griechen im ionischen Aufstand 150 Jahre zuvor zerstörten Sardes ein, dessen Heiligtümer damals von den Griechen geschändet wurden.

Sardes war der Ausgangspunkt der 2.500 km langen Königsstraße nach Persepolis.

Den hiesigen Tempel weihte er dem Zeus und bezahlte mit den Reichtümern der Stadt seine Soldaten.

Eigentlich wollte Alexander nur die Westküste Kleinasiens erobern. Nun entschloss er sich, weiterzuziehen.
In Gordion durchschlug er den Gordischen Knoten mit dem Schwert. Es war prophezeit, dass derjenige, der diesen Knoten lösen könne, die Herrschaft über Asien erhält.
In der Folge eroberte er ein Gebiet von Ägypten bis nach Indien.

Hier bekam er Einblick in die indische Mythologie:

## Shiva, Vishnu und Krishna

Diese ist geprägt vom ewigen Kreislauf des Werdens und Vergehens sowie der ständigen Reinkarnation.

Je nach Karma kehrt das Individuum nach seinem Tod auf die Erde zurück, um wieder und wieder geboren zu werden; bis zur endgültigen Erlösung durch das Aufgehen in die Weltseele (Brahman).

Auch hier gibt es für die jeweiligen Gottheiten verschiedene Namen.

Z.B. wurden die uralten vedischen Götter Indra, Agni und Varuna langsam ersetzt durch Shiva, Vishnu und Krishna.

Die Hauptgötter Brahma als Schöpfer, Vishnu als Erhalter und Krishna als Zerstörer bilden die Dreieinigkeit.
Daneben gibt es unzählige örtliche Gottheiten, die wie in anderen Religionen z. B. Stadt- oder auch nur Dorfgottheiten sind.
330 Millionen(!) mehr oder weniger wichtige Hindugottheiten sind in Indien aufgelistet.

Diese kämpfen in meist märchenhaften Geschichten und Abenteuern der Vergangenheit mit Helden und Dämonen, am Ende stehen lehrreiche menschliche Schicksale.

Den Gläubigen jedoch vermitteln diese Geschichten religiöse Weisheit durch ihre verschiedenen Handlungsebenen.

Demgegenüber steht das indische Kastensystem:

| | |
|---|---|
| Brahmahnen: | Intellektuelle Elite und Priester |
| Kshatriyas: | Krieger, Fürsten, hohe Beamte |
| Vaishyas: | Händler, Grundbesitzer, Landwirte |
| Shudras: | Handwerker, Pachtbauern, Tagelöhner |

Darunter stehen die Unberührbaren oder Parias, die für die ganzen niederen Tätigkeiten da sind.

Als im heutigen Pakistan sein treues Schlachtross
Bukephalos starb, gründete Alexander die Stadt
Bukephala, neben vielen weiteren Alexandrias, die
er gegründet hat, eine Ausnahme.
Das Pferd wurde Alexanders Vater Philipp einst
zum Kauf angeboten, doch niemand hatte es zu
reiten vermocht. Alexander beobachtete die
Versuche seiner Vorgänger und merkte, dass
Bukephalos Angst vor seinem eigenen Schatten
hatte. Er stellte den Hengst so, dass er seinen
Schatten nicht sehen konnte und ritt ihn ohne
Probleme.
Begeistert kaufte Philipp das Pferd für den völlig
überhöhten Preis von 13 Talenten. Damit hätte er
den Monatssold für 1.500 Soldaten zahlen
können. Bukephalos begleitete seinen Herrn in
allen Schlachten; in Bukephala ließ Alexander sein

Pferd prunkvoll bestatten und errichtete ihm ein Denkmal.

Er wollte bis an das von ihm vermutete nahe Ende der Welt weiterziehen, doch seine Männer meuterten, sie wollten nach Hause. Alexander war außer sich, aber zur Umkehr gezwungen.

Er gründete hier noch ein Alexandria und siedelte viele seiner Veteranen an. Damit hatten sie kaum Hoffnung auf Heimkehr.
Obwohl ihn die Perser vor der Durchquerung der Gedrosischen Wüste warnten, schickte er sein Heer auf diesem kürzesten Weg heim; zahllose seiner Soldaten kamen in der Wüste um.

Während die anderen Griechen die Völker Asiens als Barbaren verachteten, dachte Alexander anders. Er heiratete die baktrische Prinzessin Roxane und eine Tochter seines ehemaligen Gegners Dareios.

In der Massenhochzeit von Susa ließ er 10.000 persische Frauen mit seinen Soldaten verheiraten, um Persien und Griechenland zusammenwachsen zu lassen.

Er starb 323 v. Chr. in Babylon.

Als er einstmals in Ägypten einzog, wurde Alexander dort als Pharao begrüßt. Deshalb hatte er sich ein

Begräbnis im ägyptischen Ammonheiligtum in der Oase Siwa gewünscht. Nach zweijähriger Vorbereitung setzte sich der riesige Leichenzug von Babylon aus nach Ägypten in Bewegung.

Sein Nachfolger in Ägypten, sein General Ptolemäus, ließ ihm erst in Memphis, dann in Alexandria ein Mausoleum bauen, das später als Begräbnisstätte der Ptolemäer diente.

Er baute Alexandria zum Zentrum der Kultur und des Fortschritts aus. Philosophen und Wissenschaftler wurden gefördert, die berühmte Bibliothek errichtet.

Die Verehrung des zum Gott erhobenen Alexander wurde als staatliche Institution manifestiert, ein wichtiger Bestandteil des von den Ptolemäern betriebenen Herrscherkultes, der an die Stelle der alten ägyptischen Götter trat.

In der Folgezeit kam es in Alexandria hin und wieder zu Aufständen gegen die neuen Herren, trotz des Verweises auf die göttliche Abstammung als Pharao.

Im alten Ägypten waren solche Erhebungen absolut undenkbar, zu sehr Gottgleich waren die Pharaonen.

# Ägyptische Mythologie

Die altägyptische Mythologie war untrennbar mit der Astrologie und der Religion zu einer Einheit verbunden und hatte über viertausend Jahre Bestand:

Die Welt ist eine große Scheibe, die vom Nil in zwei Teile getrennt wird. Die Scheibe stellt die Oberwelt dar, in der Mitte leben die Menschen am und vom Nil.

An den vier Ecken der Oberwelt wird die Erdscheibe von riesigen Säulen gestützt, den Armen und Beinen von Nut. Unter der Erde liegt die Unterwelt; sie ist ein Spiegelbild der Oberwelt.

Der Körper der Göttin Nut stellt das Himmelsgewölbe dar.

Auf dem himmlischen Nilfluss ziehen von West nach Ost tagsüber die Sonne, nachts die Sterne über das Firmament.

Jeden Abend verschluckt die Göttin Nut die Sonne und gebiert sie jeden Morgen wieder neu.

Auch hier kämpfen die eifersüchtigen Götter um die Vorherrschaft: Isis, Göttin der Geburt, Wiedergeburt und der Magie ist Gattin von Osiris, dem Gott der Unterwelt.

Dieser wird aus Eifersucht von seinem Bruder Seth ermordet:

Seth heuert 72 Männer als Mitverschwörer an.

Er lässt einen großen, geschmückten Holzkasten anfertigen, der genau die Maße von Osiris hat. Der Kasten solle demjenigen gehören, der genau hineinpasst. Als Osiris sich als letzter hineinlegt, schließen die Verschwörer den Sarg, versiegeln ihn mit Blei und werfen ihn in den Nil.

Nachdem Isis den Sarg aus dem Nil geborgen hat, entführt Seth den Toten erneut und zerstückelt seine Leiche, die Teile wirft er wieder in den Nil.

Mit der Einbalsamierung der Toten wird dieses Mythos nachgestellt.

Isis findet die Leichenteile von Osiris und setzt sie mit Anubis Hilfe wieder zusammen. Sie wurde noch von den in Ägypten lebenden Griechen und Römern bis in die Zeit des Christentums verehrt.

Ihr Sohn Horus (der mit dem Falkenkopf) gab dem Pharao als König die Macht der Götter, damit er mit göttlichem Segen die Macht und Einigkeit des Reiches aufrechterhält.

Der Pharao gilt als die menschliche Verkörperung von Horus.

## Die Juden

Zum Reich des Ptolemäus gehörte nun auch Palästina mit Jerusalem und seinem Tempel. Wie zuvor erwähnt, begannen die aus der babylonischen Gefangenschaft zurückkehrenden Juden, den zerstörten Tempel wiederaufzubauen.

Als Angehörige des jüdischen Volkes werden sowohl das historische Volk der Israeliten als auch alle Juden verstanden, die nach der Thora von den Erzvätern Abraham, Isaak oder Jakob abstammen.

Auch jeder, der eine jüdische Mutter hat und jeder, der zum jüdischen Glauben übergetreten ist, ist Jude, unabhängig von seiner Herkunft.

In der jahrzehntelangen Bauphase des Tempels von Jerusalem trennten sich die Judäer von den Samaritern, die sich mit den Nachbarn vermischten und von den Judäern als unrein angesehen waren.

Die Samariter bauten sich daraufhin ihr eigenes Heiligtum.

Ein gewisser Jesus, der hunderte Jahre später leben sollte, erzählte das Gleichnis vom barmherzigen Samariter:

Ein Schwerverletzter wird von einem jüdischen Priester und einem Leviten (Leviten sind einer der zwölf Stämme Israels) achtlos liegen gelassen. Ein Samariter versorgt die Wunde, bringt ihn in eine Herberge und kommt für seine weitere Pflege auf.

Das Gleichnis zeigt die Geringschätzung der Juden für die Samariter auf, die sie als fehlgeleitete Abtrünnige betrachteten.

Ganz am Anfang schloss Gott ein Bündnis mit Abraham, der Beginn des Monotheismus (Wie bei Zarathustra erwähnt).

Diesen Bund setzen Abrahams Sohn Isaak und dessen Sohn Jakob fort. Die zwölf Söhne Jakobs gelten als Gründer der zwölf Stämme Israels (Israeliten). Diese ziehen von Kanaan, dem heutigen Palästina nach Ägypten, wo ihre Nachfahren vom Pharao versklavt werden. Aus dieser Sklaverei werden die Hebräer von Moses vierzig Jahre lang heim ins gelobte Land geführt; unterwegs empfing Mose am Berg Sinai für sein Volk die zehn Gebote:

1. Ich bin der Herr, dein Gott, du sollst keine anderen Götter neben mir haben

2. Du sollst den Namen des Herrn, deines Gottes, nicht missbrauchen

3. Du sollst den Feiertag heiligen

4. Du sollst deinen Vater und deine Mutter ehren

5. Du sollst nicht töten

6. Du sollst nicht ehebrechen

7. Du sollst nicht stehlen

8. Du sollst nicht falsches Zeugnis reden wider deinen Nächsten

9. Du sollst nicht begehren deines nächsten Haus

10. Du sollst nicht begehren deines Nächsten Weib, Knecht, Magd, Vieh, noch alles, was dein Nächster hat

Nach der Landnahme Kanaans, dem gelobten Land, beginnt die Königszeit unter Saul, David und Salomo.

Der babylonische König Nebukadnezar II. erobert das Königreich Juda und führt die Juden in die babylonische Gefangenschaft.

Diese endet, wie bereits erwähnt, durch die Eroberung Babylons durch die Perser.

Ab 21 v. Chr. begann die komplette Umgestaltung des Jerusalemer Tempels unter Herodes, dem von den Römern eingesetzten Klientelkönig.

In dieser Zeit zog ein jüdischer Wanderprediger umher, er nannte sich Jesus von Nazareth.

Wir wollen ihn und sein Wirken später behandeln; kommen wir zum Glaubensbild der Römer, da ja Herodes römischer Statthalter war:

# Die Römer

Der Sage nach wurde Rom 753 v.Chr. von Romulus
und Remus gegründet.
Amulius, König von Alba Longa, hatte seinen älteren
Bruder Numitor gestürzt.
Dessen Tochter Rhea Silvia, auch Ilia (Ilias = Troja!)
genannt, zwang er, Vestalin zu werden.
So hoffte er, dass sein Bruder keine Nachkommen
bekommen würde, die ihm gefährlich werden
könnten.
Der Kriegsgott Mars höchstselbst jedoch
vergewaltigte Rhea Silvia und sie gebar die Zwillinge
Romulus und Remus.
Die beiden Brüder wurden als Säuglinge in einem
Weidenkorb auf dem Tiber ausgesetzt, ähnlich wie
Moses am Nil in Ägypten.

Dort fand sie eine Wölfin, brachte sie in ihre Höhle und säugte sie.

Zusätzlich wurden sie von einem Specht gefüttert.

Als die Beiden herangewachsen waren, erhielten sie nach einigen Abenteuern von ihrem Großvater König Numitor, der seinen Bruder getötet und damit den Thron wiedererhalten hatte, das Recht, an der Stelle, an der sie ausgesetzt wurden (am Fuß des Hügels Palatin) eine Stadt zu errichten.

Doch wer durfte als erster?

Durch Beobachtung des Adlerfluges bestimmten sie den Sieger: Jeder beobachtete von einem anderen Hügel die fliegenden Adler, von denen Romulus mehr zählte.

(Beobachtungen von Vogelflug war ein wichtiger Bestandteil der Weissagung durch die römischen Auguren)

Als Sieger in diesem Wettstreit begann Romulus, die heilige Furche mit dem Pflug um die zukünftige Stadt zu ziehen und eine Mauer zu errichten.

Diesen Brauch übernahmen die Römer von den Etruskern.

Die heilige Furche (Pomerium) war eine gesetzlich und vor allem religiös definierte Linie, die das Stadtgebiet vom Umland trennte.

Innerhalb galten eigene Regeln, wie zum Beispiel das Bestattungsverbot.

Remus verspottete Romulus, indem er über die noch niedrige Mauer sprang.

Da eine Stadtmauer als heilig galt, war das ein schwerer Frevel.

Romulus erschlug seinen Bruder und rief: „So möge es Jedem ergehen, der über meine Mauern springt!"

Sage, Götter, Halbgötter, Personifikationen, Geisterwesen und Ungeheuer bildeten die Glaubenswelt der Römer.

Große Angst hatten sie davor, irgendeine Gottheit bei ihren Riten vergessen zu können.

Auch übernahmen sie Götterbilder eroberter Städte und Gebiete.

Als die Zahl aufgrund der Eroberungen mit der Zeit überhandnahm, erfanden sie den für alle gültigen Begriff „Novensiles"; somit konnte keiner übersehen werden.

Von den Etruskern kannten sie zwölf wichtige Götter; die römischen Götter identifizierte man jedoch wie weiter vorne erwähnt mit den olympischen Göttern der Griechen.

Die kultischen Handlungen sahen die Opferung von Tieren, Pflanzen oder anderen Dingen vor.

An die Opferriten musste sich peinlich genau gehalten werden, sonst mussten sie nach einem Sühneopfer wiederholt werden. Bereits ein kleiner Versprecher reichte aus, um den Zorn der Gottheit zu erregen.

Sonst gab es noch die Beobachtung des vorgenannten Vogelfluges sowie das Lesen im den Eingeweiden der Opfertiere durch die Auguren.

# Sol invictus

Bis in die Zeit der Gründung Roms ging der alte römische Sonnenkult zurück.

Der Sonnengott wurde Sol indiges genannt und zusammen mit der Mondgöttin Luna verehrt.

Beide hatten im Circus maximus einen gemeinsamen Tempel, ihr Feiertag war der 28. August.

Sol indiges hatte auf dem Quirinal einen eigenen Tempel, wo ihm am 8. und 9. August gehuldigt wurde. Genau wie sein griechisches Vorbild Helios kommt er jedoch nicht als eigene Persönlichkeit in den Göttermythen vor. Genau wie die Sonne mit ihrem Licht alles an den Tag bringt, bleibt auch Sol nichts verborgen, weshalb er auch zum Schutzgott der römischen Kaiser wurde.

Nero führte die Aufdeckung der pisonischen Verschwörung gegen ihn auf Sol zurück und brachte ihm Dankopfer dar. Kaiser Vespasian ließ ihm zu Ehren eine riesige Statue errichten, Trajan und Hadrian ließen Münzen mit Sol prägen.

Nach und nach bekam er den Namen Sol invictus- der unbesiegbare Sol; als Beinamen erhielt er Mithras.

Kaiser Aurelian erhob Sol invictus Mithras zum Herrn des römischen Reiches.

Er richtete für ihn einen Staatskult ein und errichtete einen Tempel. Die vornehmsten Familien stellten Priester und alle vier Jahre wurden ihm zu Ehren Wettkämpfe abgehalten.

Der neue Staatskult kam bei der Bevölkerung gut an, offenbar entsprach er den Bedürfnissen der Zeit.

Da er vor allem bei den Legionären beliebt war und diese immer wieder woanders stationiert wurden, verbreitete sich der Mithraskult im ganzen römischen Reich.

Julius Cäsar hatte in seiner Kalenderreform den 25. Dezember als kürzesten Tag des Jahres festgelegt, die Wintersonnenwende. Dieser Tag galt auch als Geburtsag von Sol invictus.

Da der Geburtstag von Sol invictus dermaßen populär war, übernahmen die aufstrebenden Christen den 25. Dezember für die Festlegung des christlichen Weihnachtsfestes.

Kaiser Konstantin der Große, der vorher intensiv den Herkuleskult pflegte, war ebenfalls glühender Verehrer des Sol invictus-Kultes.

Er setzte ihn mit Apollo gleich und sah sich als irdischen Repräsentanten des Sonnengottes.

Nach der Schlacht an der Milvischen Brücke, die er im Zeichen des Christengottes gewonnen hatte, endeten die Christenverfolgungen und das Christentum wurde gleichberechtigt neben den anderen Kulten.

Trotz Übernahme einiger Elemente ließen sich jedoch Christentum und Mithraskult nicht miteinander verschmelzen.

Die Christen betrieben die Beseitigung des Kultes um Sol invictus und setzten sich damit schließlich durch.

Auch in Rom galt:

Wer etwas auf sich hielt, legte Wert darauf, die Götter in seiner Ahnenreihe zu haben.

# Julius Cäsar

Julius Cäsar z. B. entstammte aus dem Geschlecht der Julier, einem altrömischen Patriziergeschlecht, das aus Alba Longa stammte, der Mutterstadt Roms.

Iulius, der Ahnherr, war Sohn des aus Troja geflohenen Aeneas, der Alba Longa gegründet hatte. Dieser war Sohn der Aphrodite; somit war die göttliche Abstammung Julius Cäsars perfekt!

Genauso wichtig jedoch waren Reichtum und erworbenes Ansehen, um Etwas zu werden.

Also ließ er sich Illyrien (Balkan) als Provinz übertragen in der Erwartung, hier könne er einen prestigeträchtigen Krieg führen.

Als dann der Statthalter von Gallien starb, wurde Julius Cäsar auch dieses Gebiet als Prokonsul übertragen.

Er hatte noch einige Rechtsbrüche vergessen zu machen, die er zuvor als Konsul in Rom begangen hatte. Als Prokonsul konnte er hier jetzt ganz legal Truppen ausheben und nach dem System der Heeresklientel auf sich persönlich einschwören.

Diese Truppen kämpften nicht nur für den Senat und das Volk, sondern vor allem für ihren Anführer.

(S.P.Q.R. = Senatus Populusque Romanus, das Hoheitszeichen des antiken Rom heißt so viel wie Senat und Volk von Rom).

Unter den zerstrittenen Stämmen Galliens, die schon länger für Unruhe sorgten, fand Julius Cäsar einen willkommenen Anlass zu einem großen Krieg außerhalb der Grenzen des Imperiums, mit dem er seine Macht und seinen Reichtum ausbauen konnte.

Er eroberte Gallien, mehr als eine Million Gallier starben, er wurde unermesslich reich. Die Basis für seine Karriere war gelegt.

## Druiden

Gemäß Goscinny schaffte er es jedoch nie, ganz Gallien zu erobern, da ein gallisches Dorf erfolgreich Widerstand leistete. Unbesiegbar durch den Zaubertrank, den der Druide braute und der als einziger die Rezeptur kannte.

In der keltischen -also auch gallischen- Gesellschaft und Mythologie waren die Druiden die kultische und geistige Elite und damit wichtigste Personen des Kultpersonals der keltischen Religion.

Laut Cäsar wurde die druidische Lehre in Britannien erfunden, laut ihm brachten die Druiden auch Menschenopfer dar.

Nachdem Cäsars Sohn und Nachfolger Augustus Gallien zur römischen Provinz erklärte, untersagte er den römischen Bürgern die Ausübung der gallischen Religion. Dessen Nachfolger Tiberius und Claudius schafften die Druiden ab; die Gallier waren allzu gerne bereit, römische Lebensart und angenehme Errungenschaften anzunehmen.

Die verbliebenen Druiden verloren ihre gesellschaftliche Machtposition und somit ihr Vermögen und ihre Lebensgrundlage. Der Druidenkult überlebte nur in Britannien, wo im Jahr 60 auf der Druideninsel Mona (Anglesey) das Hauptheiligtum der Druiden und ihre Schule durch die Römer zerstört wurde. Nach einem erneuten Aufstand der Druiden wurde die Insel 17 Jahre später vom römischen Statthalter Gnaeus Iulius Agricola zurückerobert: Seine Hilfstruppen legten ihre Rüstung ab und schwammen zur Insel. Die aufständischen Kelten waren davon dermaßen beeindruckt, dass sie sich kampflos ergaben. Die letzten Druiden begingen Selbstmord.

Sowohl Cäsar als auch sein General und Nachfolger Marc Anton waren Liebhaber von Cleopatra, letzte Herrscherin der Ptolemäer in Ägypten. Sie war Nachfahrin von Ptolemäus, seines Zeichens General von Alexander und Namensvetterin von dessen Schwester.

Pompejus, der Gegner Cäsars, hatte Judäa 63 v.Chr. erobert.

Als Pompejus von Cäsar besiegt wurde, folgte als Herrscher Herodes als römischer Statthalter.

## Christentum

Nach ihm war Pontius Pilatus Statthalter.

Zu seiner Zeit wirkte wie schon erwähnt ein Wanderprediger namens Jesus von Nazareth.

Ab dem Jahr 28 trat er öffentlich in Galiläa und Judäa auf.

Er verkündete, wie bereits einige andere zuvor, das Nahen des Reiches Gottes und rief die Juden zur Umkehr auf.

Die nahe Königsherrschaft Gottes legte er in Predigten, Gleichnissen, Lehrgesprächen und Handlungen wie z. B. „Wundertaten" dar.

Die revolutionäre Grundidee basiert auf der bedingungslosen Liebe Gottes gegenüber den Menschen und der gesamten Schöpfung.

Diese Heilszusage war unerhört:
Egal, welches Geschlecht, Hautfarbe, Nationalität, Klasse oder gesellschaftliche Stellung; das Christentum versteht sich als universale Religion.

Die Pharisäer, also die Thoragelehrten, fanden vor allem die von ihm gepredigte Sündenvergebung todeswürdig. Sie betrieben seine Festnahme und er wurde unter Anordnung des römischen Präfekten Pontius Pilatus von römischen Soldaten gekreuzigt.

Nach seinem Tod und seiner mutmaßlichen Auferstehung wurde er von seinen Anhängern als Jesus Christus, Sohn Gottes und Messias verkündigt.

Sie folgten dem Sendungsauftrag und ihnen ist es zu verdanken, dass das Christentum zur Weltreligion aufstieg.

Ohne das Alte Testament wäre der christliche Glaube unverständlich und hätte keinerlei historische Wurzeln.

Es entspricht den jüdischen heiligen Schriften des Tanach.

Die Christen lesen das Alte Testament jedoch von Jesus Christus her und zu ihm hin.

Da der neue Glaube sich in kurzer Zeit im Mittelmeerraum verbreitete, übte der Hellenismus einen großen Einfluss auf ihn aus. Auch massive Christenverfolgungen konnten den Aufstieg nicht aufhalten:

Als der römische General Konstantin 312 an der Milvischen Brücke Maxentius gegenüberstand, bediente er sich des alten Mittels des göttlichen Beistands:

Im Traum sei ihm die Anweisung gegeben worden, das himmlische Zeichen Gottes in Form des Christusmonogrammes auf die Schilde seiner

Soldaten anbringen zu lassen. „In diesem Zeichen wirst du siegen"1

Nach seinem Sieg beendete er die Christenverfolgungen unter Diokletian, das Christentum war jetzt gleichberechtigt neben den anderen Glaubensrichtungen, es entwickelte sich zur Staatsreligion.

Die fünf christlichen Patriarchate in Rom, Konstantinopel, Alexandria, Antiochia und Jerusalem riefen bei Streitfragen im Laufe der Zeit mehrere Konzile ein.

Im Bekenntnis von Nicäa wurde 325 allgemein die Wesensgleichheit von Gott dem Vater, Jesus dem Sohn und dem Heiligen Geist (Trinität) festgeschrieben.

Dem Theologen Arius schien dies als Widerspruch zum Monotheismus, für ihn trug die später zum Dogma erhobene Dreifaltigkeit zum arianischen Streit bei.

Für ihn galten Jesus/Sohn und Heiliger Geist untergeordnet, sie durften Gott nicht gleichrangig sein.

Als die Arianer als „echte" Christen gerade die Oberhand hatten, begann die Völkerwanderung.

Die germanischen Stämme übernahmen den arianischen Glauben, auch weil viele germanische Krieger in der römischen Armee dienten.

Der Gotische Bischof Wulfila verfasste eine Bibel in germanischer Sprache, die als Wulfilabibel ein einigendes Band für die Germanenstämme bildete.

Später, nach dem Zusammenbruch des römischen Reiches, herrschten vielerorts eine arianische germanische Oberschicht über die einheimische romanische Bevölkerung, die weiterhin an die Dreifaltigkeit glaubte.

Die Wandalen z.B. wanderten vom heutigen Ostpolen über Gallien und Spanien, wo sie einige kurzlebige Reiche gründeten.

429 setzte Geiserich mit ungefähr 80.000 Wandalen nach Afrika über, ein großes Wandalenreich wurde in Nordafrika gegründet.

Auch hier trat wieder die politische Dimension der im Grunde ebenso unbedeutenden wie unseligen Auslegung der Dreifaltigkeit zu Tage:

Die Wandalen ließen Geistliche der ansässigen Christen ins Exil schicken und Klöster schließen. Der Grund?

Hier herrschte der vom Kaiser in Konstantinopel befürwortete Glaube an die Dreifaltigkeit.

Die Wandalen eroberten Karthago, das sich schon immer als gute Basis für Einmischung in Italien erwiesen hatte.

455 plünderten Geiserichs Wandalen zusammen mit den Alanen Rom.

Es war kein reiner Beutezug, sondern Handeln auf höchster politischer Ebene:

Kaiser Valentinian III hatte seine Tochter als Braut für den wandalisch-alanischen Thronfolger Hunerich versprochen.

Valentinian wurde ermordet und sein Nachfolger vermählte kurzerhand die Hunerich versprochene Braut mit seinem Sohn. Die Witwe Valentinians rief Geiserich zu Hilfe, ihm wurden die Tore Roms geöffnet.

Der sprichwörtliche Wandalismus ist jedoch der Übertreibung der römischen Geschichtsschreiber geschuldet:

Zwar wurde ausgiebig geplündert, auf Bitten des Papstes wurden jedoch die Einwohner und die Stadt an sich geschont.

533 eroberte Belisar, der Feldherr des oströmischen Kaisers Justinian, das Wandalenreich.
Gelimer, der letzte König der Wandalen, musste sich im Rahmen eines Triumphzuges dem Kaiser in Konstantinopel unterwerfen; er verbrachte seinen Lebensabend jedoch komfortabel auf einem Landgut in Galatien (Anatolien).

Im Gegensatz zu einem Großteil seines Volkes:
Viele Kriegsgefangene wurden nach Ostrom gebracht und wurden in den Perserkriegen eingesetzt.

Perserkriege?

Nicht die der Griechen gegen die Perser, sondern die römisch-persischen Kriege.
Dreihundert Jahre lang kämpfte das persische Nachfolgereich der Sassaniden gegen die Römer.

Diese Kriege endeten erst 630 nach dem endgültigen Sieg des oströmischen Kaisers Herakleios.

Unmittelbar danach wurden beide Reiche Opfer der Expansion der Araber.

In diesem Krieg kam es zu einem einmaligen Vorgang in der römischen Geschichte:

Kaiser Valerian wurde mit 70.000 Soldaten gefangen genommen und kam ebenso wie seine Soldaten nie wieder aus der persischen Gefangenschaft frei.

Für Rom war das eine ungeheure Demütigung, die gesamte Orientverteidigung brach zusammen.

Als Valerian in der Gefangenschaft starb, wurde ihm angeblich die Haut abgezogen, mit Zinnober gefärbt und zu Abschreckung Roms in einem Tempel aufgehängt.

Frühchristliche Geschichtsschreiber verkündeten sein unrühmliches Ende als Strafe Gottes wegen seines Vorgehens gegen die Christen, die er verfolgen ließ.

# Heil

Die Herrscher der germanischen Völker legitimierten sich über das Königsheil. Wie in allen Zeiten und Völkern wird der kräftigste und erfolgreichste zum Anführer bestimmt.

Besonders erfolgreiche Führer mussten über Wunderkräfte verfügen. Ein erfolgreicher König musste also in einem besonderen Nahverhältnis zu Gott stehen, sogar von den Göttern abstammen.

Blieb jedoch der Erfolg aus, war das ein Zeichen für den Verlust der Heilskraft; die Tage des Königs waren gezählt.
Heil bedeutet im Wortsinn Erfolg, Gesundheit und in religiöser Hinsicht Erlösung. Unheil bedeutet Pech, Verderben und Unglück.

Chlodwig l., König der Franken, sah sich und seine Herrschaft ebenfalls göttlich legitimiert (wie die Pharaonen, Alexander der Große u.a.), und zwar von den alten heidnischen Göttern. Seine Frau Chrodechild, die römisch-katholischen Glaubens war, versuchte zeitlebens, ihren Mann zu missionieren. Sie wird heute noch als heilige Clothilde von der Kirche verehrt.

Sie ließ den ersten gemeinsamen Sohn katholisch taufen, er starb jedoch noch im Taufkleid.

Chlodwig sah das als Zeichen, dass sie einem Irrglauben anhing. Er warf ihr vor, die alten germanischen Götter hätten seinen Sohn nicht sterben lassen und ihr Gott sei schwach.

Außerdem: Was muss das für eine schwache Gottheit sein, die einen Schwächling von Sohn zu den Menschen schickt, um die Sünden auf sich zu laden?

Trotzdem ließ sie auch ihren zweiten Sohn katholisch taufen: erst wurde er krank, dann erholte er sich rasch und wurde gesund.

Die Wende kam in der Schlacht bei Zülpich, die die Franken schon gegen die Alemannen verloren glaubten.

Vergeblich hatte Chlodwig seine alten Götter um Beistand und Heil gebeten; erst als er zum

Christengott betete, wendete sich das Schlachtenglück und die Franken siegten.

Jetzt war der Christengott der stärkere Gott.

Zusammen mit 3000 seiner Krieger konvertierte Chlodwig zum Christentum und wurde an Weihnachten von Bischof Remigius in Reims getauft.

Doch entgegen der meisten anderen germanischen Stämme, die den arianischen Glauben annahmen und über eine romanische Bevölkerungsmehrheit herrschten, konvertierte Chlodwig zum katholischen Glauben.

Wohlbedacht: Denn nur durch den Wegfall dieser konfessionellen Barriere konnten sich die neugetauften Franken und die gallorömische Bevölkerungsmehrheit zu einem einheitlichen Volk assimilieren.

Mit dieser Massentaufe, ähnlich der von Konstantins Soldaten 200 Jahre zuvor, war ein weiterer Schritt für das Christentum als Weltreligion gelegt, da die Franken das mächtigste Reich unter den Germanen gründeten.

300 Jahre später stellte der siegreiche Frankenkönig Karl der Große die Sachsen vor die Wahl: Tod oder Taufe!

Bereits Karls Onkel Karlmann hatte 746 im Blutgericht zu Cannstadt die gesamte alemannische Führungsschicht ausgelöscht, nachdem die Alemannen einen Aufstand gewagt hatten.

Karl der Große ließ beim Blutgericht von Verden tausende aufständische heidnische Sachsen köpfen.

Seine Kompromisslosigkeit und Brutalität brachte ihm den Namen Sachsenschlächter ein.

Der geschlagene Sachsenführer Widukind ließ sich 785 taufen und leistete einen Treueeid auf Karl, der wiederum als Taufpate fungierte.

Die nächste Generation der Sachsen stellte mit den Ottonen die Könige im ostfränkischen (deutschen) Reich.

Sie verteidigten das Christentum gegen die Ungarn, die nach der Schlacht auf dem Lechfeld ebenfalls christianisiert wurden.

Somit wurden sie Nachfolger des von Karl dem Großen erneuerten westlichen Kaiserreichs, eines christlichen Imperiums als Nachfolger des weströmischen Reiches.

## Das Christentum passt sich an

Da der Geburtstag von Jesus nicht bekannt war, geht der 24. bzw. 25. Dezember wie schon gesagt auf den Geburtstag von Sol invictus zurück.

Doch auch bei den Germanen machte sich dieser Tag ganz gut als Ankunft des Herrn: sie feierten in dieser Zeit Lichterfeste wie das Julfest oder Midwinter, um der Dunkelheit dieser Tage zu trotzen.

Ebenso das Osterfest, das auf die germanische Lichtgöttin Ostera zurückgeht:

Die Germanen verehrten das Ei als Symbol von Ostera, da es die Fruchtbarkeit verkörperte.
Ostera führte alljährlich mit Hasen an ihrer Seite den Frühling herbei.
Leiden, Sterben und Auferstehung Christi ließen sich gut auf diesen Termin legen, da er nach dem Lunisolarkalender (lat. luna=Mond, sol= Sonne) immer auf den ersten Sonntag nach dem Frühlingsvollmond fällt.

Ein weiterer Brauch der Germanen:
Die Walpurgisnacht, im keltischen Beltanefest. Sie erhielt ihren Namen von der christlichen Nonne und Heilerin Walburga.
In der Nacht vom April auf den Mai wurden Freudenfeuer zu Ehren der germanischen Götter auf den umliegenden Bergen angezündet, um sie herum wurde getanzt und kleine Gegenstände mit guten Wünschen in die Flammen geworfen.

101

Karl der Große ließ diesen Brauch verbieten, doch wurde im geheimen weitergefeiert. Das ist wohl auch der Grund, warum die Kirche die Walpurgisnacht zum Tag der Hexen erklärte.

Doch nicht nur Bräuche wurden bei der Christianisierung von den Heiden übernommen, sondern auch Bezeichnungen wie Monatsnamen bzw. Wochentage.

## Eine Gegenüberstellung heutiger und früherer Bezeichnungen:

### Januar (Hartung; Hartmond)
Zeit des hart gefrorenen Schnees

### Februar (Hornung)
 Hornen= sich paaren

### März (Lenzing)
Frühlingsmonat (Lenz = Frühling)

### April (Ostermond)
Ostara = Göttin des aufsteigenden Lichts und der Morgenröte

**Mai (Wonnemond)**
Zeit der Freude, Lust und der Sommerwonne

**Juni (Brachet)**
Zeit des Umbruches der brachliegenden Felder

**Juli - Heuert(Heumond)**
Zeit der Heuernte

**August (Ernting)**
Zeit zum Einbringen der Getreideernte

**September (Scheiding)**
Zeit des Scheidens, Obsternte

**Oktober (Gilbhard)**
Zeit des Welkens und Vergilbens

**November (Nebelung)**
Nebelmonat, Winterbeginn

**Dezember (Julmond)**
Zeit des Julfestes und der zwölf heiligen Weihe- oder Rauhnächte

## Montag (Mondtag)
Dem Mond geweiht

## Dienstag (Tiestag)
Ties oder Tyr ist der Gott des Kampfes

## Mittwoch (Wotanstag)
Wotan = Odin

## Donnerstag (Donarstag)
Für Thor, der Gott mit Blitz und Donner

## Freitag (Frijatag)
Freya= Göttin der Liebe, Gattin Wotans

## Samstag (Sambeth)
Tag von Ambeth (eine Norne)

## Sonntag, Sonnentag
Der Sonne geweiht

## Hypathia von Alexandria

Einhundert Jahre, nachdem der römische Kaiser Valerian in persischer Gefangenschaft starb, lebte in Alexandria eine nicht christliche, nach Tradition der griechischen Philosophen lehrende Frau.

Ihr Name war Hypathia, sie selbst bezeichnete sich als Kynikerin. (Im Film „Agora, die Säulen des Himmels" gespielt von Rachel Weisz)

Kynos ist das griechische Wort für Hund.

Diogenes, der aus der Tonne, predigte eine hündische Lebensweise:

Der persönliche Besitz ist auf das allernotwendigste zu reduzieren; Glückseligkeit ergibt sich aus der größtmöglichen Unabhängigkeit von fremder Hilfe.

Kyniker kleideten sich- wenn überhaupt- in einfachsten Gewändern, machten die Armut zur Regel, lebten von Almosen und schliefen auf der Straße.

In ihrer „Zurück-zur-Natur"-Lehre lehnten sie Platons Ideenlehre ebenso ab wie die Metaphysik.

Ethik war ihr einziger Leitfaden, die Natur das einzig wahre Vorbild. Die Befriedigung des

Geschlechtstriebs war ebenso selbstverständlich wie die Stillung von Hunger und Durst.

Hypathia war als Vertreterin der nichtchristlichen philosophischen Tradition Angehörige der vom aufstrebenden Christentum bedrängten paganen Minderheit.
Paganismus ist der christliche Begriff für den Zustand, nicht einer monothesistischen Glaubensgemeinschaft anzugehören.
Dennoch konnte sie bis ins hohe Alter unangefochten lehren und erfreute sich großer Beliebtheit.

Als es in Alexandria zu Auseinandersetzungen zwischen Juden und Christen kam, die zahlreiche Opfer forderten, wurde Hypathia ihre Nähe zum römischen Präfekten zum Verhängnis:

Der christliche Patriarch Kyrill von Alexandria profilierte sich als Hardliner im Kampf gegen die Juden.
Damit forderte er den Präfekten als Vertreter der Staatsmacht heraus, zumal Angriffe auf Synagogen gesetzlich verboten waren.

Im Machtkampf beider Männer war Hypathia ein vortreffliches Ziel:

Eine aufgehetzte christliche Menge schleifte die alte Frau an den Haaren in eine Kirche, wo sie grausam ermordet und zerstückelt wurde.
Von ihren Lehren ist wenig erhalten geblieben.
Keine einzige konkrete mathematische, naturwissenschaftliche oder philosophische Aussage kann ihr zweifelsfrei zugeschrieben werden.

Kyrill jedoch ging als Heiliger, Kirchenvater und Kirchenlehrer in die Geschichte ein.

Geschichte wurde schon immer von den Siegern bzw. den Überlebenden geschrieben...

Dazu noch ein Beispiel:
Nach Cäsars Ermordung kämpften sein Adoptivsohn Oktavian und sein General Marc Anton um die Macht.
In der Schlacht von Mutina gelang den Generälen Hirtius und Pansa ein entscheidender Sieg über Marc Anton.

Da beide an den Verletzungen, die sie in der Schlacht erlitten, starben, blieb der Ruhm ungeteilt auf dem Haupt des Oktavian, des späteren Augustus.

Sprach jemals jemand von den unzähligen einfachen Soldaten?
Egal ob sie verloren oder siegten.
Egal, ob sie überlebten oder fielen.
Sie blieben namenlos.
Der Ruhm gehört den Führern.

Alexandria war jedenfalls 300 Jahre nach Jesus christlich geworden.

Zuvor war es 300 Jahre unter den Ptolemäern hellenistisch geprägt. 300 Jahre später jedenfalls wurde auch das Christentum von einem neuen Glaubensbild hinweggefegt: dem Islam.

Die Geschwindigkeit, mit der sich der Islam verbreitete, stellt auch den aggressiven christlichen Missionsgedanken in den Schatten.

Wie beschrieben, begannen die Araber unmittelbar nach Ende der Perserkriege das Oströmische Reich und das neupersische Reich der Sassaniden, die sich vorher gegenseitig übelst schwächten, zu überrennen.

Es folgten das gesamte ehemalige Reich Alexanders des Großen, also auch Palästina und Ägypten.

Ganz Nordafrika wurde erobert, 711 setzten sie nach Spanien über und vernichteten das Reich der Westgoten, siebenhundert Jahre lang sollten sie in Spanien bleiben.

Nur Konstantinopel hielt einer Belagerung stand.
Es waren keine neuartigen Menschen, sondern ein neuer Glaube, der Islam.

## Der Islam

Um 570 wurde Mohammed in Mekka geboren, sein Vater starb noch vor seiner Geburt. Seine Mutter starb, als er sechs war, worauf er zu seinem Großvater kam, der zwei Jahre später ebenfalls starb.

Er arbeitete als Schafhirte, als ihm seine Arbeitgeberin die Heirat anbot.

Er war Anfang zwanzig, sie fünfzehn Jahre älter und bereits zweifache Witwe.

Da sie aus einem angesehenen Stamm kam, trat eine Wende in Mohammeds Leben ein: er war sozial abgesichert und finanziell unabhängig.

Aus dieser Ehe ging unter anderem seine Tochter Fatima hervor, die als einzige Kinder bekam.

Alle Nachkommen Mohammeds stammen aus ihrer Linie. (wichtig für die späteren Ausführungen!)

Das Judentum und das Christentum, die zu dieser Zeit zu den alten Götzenreligionen Arabiens vordrangen, hatten großen Einfluss auf Mohammeds Geisteshaltung.

Alljährlich verbrachte er einen Monat auf dem Berg Hira in der Nähe von Mekka, um zu meditieren und Buße zu tun.

Eines Tages erschien ihm der Erzengel Gabriel, der von nun an immer wieder mit neuen Offenbarungen aufwartete:

Die Annahme des Islams ist Zeichen göttlicher Erwählung. Diese Erwählung wird darin deutlich, dass Gott den Menschen rechtleitet, ihm Orientierung zur Wahrheit des Glaubens hin vermittelt.

Die fünf Säulen wurden ihm aufgezeigt:

Das islamische Glaubensbekenntnis:
Es gibt keinen Gott außer Gott und Mohammed ist der Gesandte Gottes.

Das Pflichtgebet:
Fünf Mal am Tag ist das tägliche Pflichtgebet Richtung Mekka zu entrichten.

Almosengabe:
Es muss eine gesetzliche Abgabe entrichtet werden, diese ist nur für Muslime zu verwenden; freiwillige Abgaben können auch an nichtmuslimische Empfänger gehen.
Der Empfänger steht mit dem Geber auf gleichberechtigter Stufe, da er einen rechtlichen Anspruch hat. Abfällige Gesten oder schlechtes Gewissen gibt es nicht.
Im Westen finden Aktionen wie die 10 % Regel (freiwillige Spende z.B. des Gehaltes unter der

Bedingung, zehn weitere Spender zu finden.) immer mehr Anhänger.

<u>Fasten am Ramadan:</u>

Schwangere, Stillende, Kranke und Kinder sind nicht zum Fasten verpflichtet; außer den Kindern müssen sie jedoch die versäumten Fastentage nachholen. Alle anderen müssen sich im neunten Monat (Ramadan) einen Monat lang von Sonnenaufgang bis Sonnenuntergang Speise und Trank enthalten.

<u>Pilgerfahrt nach Mekka:</u>
Jeder freie, volljährige und gesunde Muslim, (egal ob Mann oder Frau), der es sich leisten kann ist verpflichtet, einmal im Leben nach Mekka zu pilgern.

Drei Jahre lang teilte er diese Offenbarungen nur seiner Frau und seinem familiären Umfeld mit, erst danach fing er an, auch öffentlich zu predigen.

Die von ihm verkündete Botschaft eines kompromisslosen Monotheismus fand in Mekka wenig Anhänger.

622 musste er mit seinen Anhängern Mekka verlassen.

Dieser Auszug nach Yathrib markiert als Hidschra den Beginn der islamischen Zeitrechnung.

Hier in Yathrib nördlich von Mekka begann die politische und militärische Karriere von Mohammed.

In der Folge wurden die hier zahlreich lebenden Juden entweder vertrieben oder massakriert.

Als er dann Mekka militärisch einnahm, brachte ihm der Sieg über den mächtigen Stamm der Quraisch einen enormen Prestigegewinn; so konnte er in den Jahren bis zu seinem Tod fast alle Stämme Arabiens unterwerfen.

Nach seinem Tod jedoch setzte eine breite Absetzbewegung bei seinen Anhängern ein, es traten zahlreiche Gegenpropheten auf.

Diese Absetzbewegung musste militärisch niedergeschlagen werden. Irak, Syrien, Palästina, Ägypten und der Iran wurden erobert.

Die Bewohner der eroberten Gebiete traten zunächst nicht zum Islam über, sondern blieben ihren Religionen (Christentum, Judentum, Zaroastrismus) treu.

Ihnen war als Angehörigen einer Buchreligion Schutz gewährt.
Dieses Schutzverhältnis verpflichtete sie jedoch umgekehrt, eine Schutzsteuer zu entrichten, der Dschizya.

Öffentlich durften sie ihren Glauben nicht leben, keine neuen Kultgebäude errichten und auch keine Waffen tragen.

Die Konversion der heimischen Bevölkerung zum Islam war ein Prozess, der sich über Jahrhunderte hinzog.

950 z.B. konvertierte die herrschende Familie der Turkstämme zum Islam.
In der Folge kam es zur Massenkonversion der Turkstämme in China (Uiguren) und in Kirgistan.
200.000 Zelte sollen davon betroffen gewesen sein.

Damit wurde auch die islamische Eroberung Indiens und Afghanistans eingeleitet.

Als die Mongolen Westasien eroberten, verlor der Islam z.B. im Iran für Generationen seine vorherrschende Stellung, jedoch verbreitete sich in Südrussland, der Ukraine und Kasachstan durch das Khanat der Goldenen Horde der Islam, da diese schon konvertiert war.

Auch der Islam spaltete sich später in verschiedene Richtungen auf:

War bei den Juden die Zugehörigkeit zu den zwölf Stämmen oder nicht, oder bei den Christen die Meinung in der Frage der Dreifaltigkeit entscheidend, gab es auch hier (machtpolitisch) „wichtige" Unterschiede.

Die Sunniten (Sunna = Brauch) wählen die Nachfolger des Propheten.

Bei den Schiiten muss der Nachfolger ein Nachfahre Mohammeds sein.

Da der Nachfolger des Propheten auch Kalif im jeweiligen Machtbereich war, eine verständliche Argumentation.

Glaube war schon immer auch Macht.

# Gott will es!

Seit 638 stand Jerusalem unter islamischer Herrschaft.
Nach und nach wurde es christlichen Pilgern durch
muslimische Übergriffe in den levantinischen Häfen
nahezu unmöglich gemacht, wie bisher ungehindert
ihre heiligen Stätten zu besuchen.

Die Levante ist der historische Begriff für Länder, die
östlich von Italien liegen.

Im Jahr 846 zerstörten die Sarazenen bei der
Plünderung Roms die Basilika St. Peter
(Memoralkirche des Apostels Petrus), den späteren
Petersdom, und raubten viele Kunstschätze.

Sizilien und Sardinien wurden islamisch.

Die Zurückdrängung der Sarazenen und die Rückeroberung des Heiligen Landes wurden als Akt der Verteidigung des Christentums betrachtet.

Auf der Synode von Clermont 1095 rief Papst Urban I der versammelten Menge, die so groß war, dass er vor der Kirche reden musste, zu:

„Das Volk im Perserreich (gemeint sind die Seldschuken), ein fremdes Volk, ein gottfernes Volk, (...) hat die Länder der dortigen Christen überfallen, durch Mord, Raub und Brand verwüstet, die Gefangenen verschleppt oder abgeschlachtet, die Kirchen Gottes entweder völlig zerstört oder für seinen Kult beschlagnahmt. (...) Das Reich der Griechen ist schon so weit besetzt, dass man es noch nicht einmal in zwei Monaten durchziehen kann. Wem anders kommt die Aufgabe zu, dies alles zu rächen, das Land zu befreien, als euch, ihr überaus tapferen Kämpfer!"

Die Menge rief daraufhin frenetisch: „Gott will es!"

Von der Befreiung der heiligen Stadt Jerusalem ist in den Überlieferungen der Rede nichts zu lesen.

In der Folge kam es zu mehreren wirtschaftlich, strategisch und natürlich auch religiös motivierten Kriegen.

Diejenigen, die den Kreuzfahrereid ablegten, befestigten ein Kreuzzeichen an ihrer Kleidung, daher der Begriff Kreuzzug.

Dem Aufruf des Papstes Urban I war ein Hilferuf des byzantinischen Kaisers Alexios I Komnenos um militärische Unterstützung gegen die Seldschuken vorausgegangen.

Jetzt, ein Jahr nach dem Aufruf zum Kreuzzug, setzte sich eine unorganisierte Volksmasse in Bewegung, die von Predigern wie Peter von Amiens geführt wurden.

Teilnehmer waren einfache Menschen, Bauern mit ihren Familien, einige Ritter aus niederem Stand waren auch dabei. Bereits in Ostfrankreich und dem Rheinland kam es zu Massenmorden an der jüdischen Bevölkerung. Genau wie 300 Jahre zuvor die Sachsen von den Franken vor die Wahl gestellt wurden, galt auch jetzt für die Juden die Devise:

Tod oder Taufe!

Historiker heben den selbst für damalige Verhältnisse besonders grausamen Charakter der Pogrome hervor.

Nachdem es auf dem christlichen Balkan ebenfalls zu Übergriffen und Plünderungen kam, stießen die „Kreuzfahrer" erstmals auf stärkeren Widerstand.

Als die Meute im August in Konstantinopel ankam, ließ sie der um seine Hauptstadt besorgte Alexios schnellstens über den Bosporus nach Kleinasien befördern.

Bei Nicäa vernichteten die Rum-Seldschuken das seltsame Heer; nur wenige Überlebende, darunter auch Peter von Amiens, kehrten nach Konstantinopel zurück, um auf die richtigen Kreuzfahrer zu warten. Das Kreuzritterheer traf im November 1096 ein, ungefähr 60.000 Mann und 50.000 Pferde.

Alexios brachte den Kämpfern großes Misstrauen entgegen, da unter ihnen auch viele süditalienische Normannen waren, die in der Vergangenheit diverse Kriegszüge gegen das byzantinische Reich unternommen hatten.

Er brachte die Anführer dazu, ihm den Lehnseid zu leisten, damit die zu erobernden Gebiete unter seine Oberhoheit geraten würden.

Drei Jahre später eroberten sie Jerusalem und metzelten Moslems, Juden und auch die in der Stadt verbliebenen Christen nieder.

Das Heilige Land war von den Ungläubigen befreit!

Ihr Anführer, Gottfried von Bouillon, lehnte es ab, sich zum König von Jerusalem krönen zu lassen, da er sich nicht in der Stadt zum König krönen lassen wollte, in der Jesus die Dornenkrone tragen musste.

Das Königreich Jerusalem, die Grafschaften Edessa und Tripolis sowie das Fürstentum Antiochia wurden als Kreuzfahrerstaaten gegründet.

Diese schwächten sich in der Folgezeit, während sich die Muslime zusammenschlossen.

Insgesamt sieben große und mehrere kleine Kreuzzüge fanden statt.
Darunter auch ein Kinderkreuzzug:

Unter Leitung visionärer Kinder zogen tausende deutsche und französische Kinder Richtung gelobtes Land. Bereits in Italien wurden sie aufgegriffen und u. a. von Christen an die Sarazenen verkauft.

Oder zwei Hirtenkreuzzüge, die sich gegen die spanischen Muslime richten sollten: Jedoch wurden hauptsächlich Juden angegriffen und getötet.

Zweihundert Jahre später waren alle Kreuzfahrerstaaten vernichtet.

Das Heilige Land war von den Ungläubigen befreit!

Die Zeit der Kreuzzüge hatte weitreichende Folgen:

## Templer, Malteser, Deutscher Orden

Die Kreuzfahrer machten zwar den Weg nach Jerusalem für die Pilger frei; doch bildeten sich mehrere Gemeinschaften, die sich dem Schutz der Gläubigen im Heiligen Land verpflichtet fühlten; Eroberungen waren keine mehr vorgesehen.

Der Templerorden, die „arme Ritterschaft Christi und des salomonischen Tempels in Jerusalem" wurde 1118 gegründet.

Er vereinte als erster Orden die Ideale des Mönchstums und des Ritterstandes, zwei Stände, die bis dahin streng getrennt waren.

Er unterstand direkt dem Papst und galt als militärische Eliteeinheit.

Ursprünglich war er gegründet worden, um die Pilger zu schützen.

Damals war jedoch im christlichen Glauben Gott noch nicht so weit entrückt, dass man als Gläubiger nicht hin und wieder einen kleinen Handel mit ihm treiben konnte.

Dem Glauben an sich tat das keinerlei Abbruch.

So war es üblich, wenn ich schon nicht selbst mein Seelenheil und den Platz im Paradies aktiv als Glaubenskämpfer unter Beweis stellen konnte oder wollte, mich am Ablasshandel zu beteiligen.

Der Ablass ist in der Christlichen Lehre ein Gnadenakt, mit dem der Sünder Vergebung erlangen konnte. Gegen Entrichtung eines Geldbetrages oder einer Schenkung konnte ein entsprechender Erlass zeitlicher Sündenstrafen im Fegefeuer für den Geber oder auch bereits verblichene Angehörige erreicht werden.

Zurück zum Templerorden:

Er kam, vor allem auch durch die Zuwendungen, die über den Ablass flossen, zu großem Reichtum; heute wäre er ein börsennotierter Erstligaclub.

In der Folgezeit arbeiteten in Europa 15.000 Ordensmitglieder auf 9.000 erworbenen oder geschenkten Besitzungen.

Aufgabe war es, Gewinne zur Finanzierung des Kampfes in Palästina zu erwirtschaften und Männer anzuwerben.

Die enorme wirtschaftliche und politische Machtfülle, die sich mit der Zeit daraus ergab, musste dem französischen König Philipp IV (Philipp der Schöne) ein Dorn im Auge sein.

Als der Orden eine Mitgliedschaft Philipps ablehnte, war das dessen Ende:

Der Papst war zu dieser Zeit vom französischen König abhängig; die Führer wurden auf päpstliche Anordnung der Ketzerei und Sodomie angeklagt und ein Haftbefehl von Philipp ausgefertigt, und zwar für alle Templer ohne Ausnahme.

Die Führer des Ordens wurden hingerichtet, der Orden selbst vom Papst aufgelöst.

Gleichberechtigt mit den Templern waren der deutsche Orden und der Malteserorden.

Der deutsche Orden („Orden der Brüder vom deutschen Hospital Sankt Mariens in Jerusalem") wurde vor Akkon gegründet (deutscher Kreuzzug).

Auch hier betätigten sich die Ordensmitglieder zunächst karitativ, später jedoch zunehmend militärisch im Heiligen römischen Reich, dem Heiligen Land, im Mittelmeerraum und in Siebenbürgen.

Im Rahmen der deutschen Ostkolonisation wurde u. a. nach dem „Wendenkreuzzug" der Deutschordensstaat gegründet.

Die Elbslawen verschmolzen mit den neu zugewanderten deutschen Siedlern zu Schlesiern, Pommern und Mecklenburgern.

Jährlich nach Ende des Winters kamen Ritter aus ganz Deutschland und Europa, um bei den Wenden (Slawen) einzufallen.

Nach und nach vergrößerte sich das Staatsgebiet, bis in der Schlacht bei Tannenberg 1410 ein polnisch-litauisches Heer den Niedergang einleitete.
Der deutsche Orden besteht heute noch, mit Sitz in Wien.

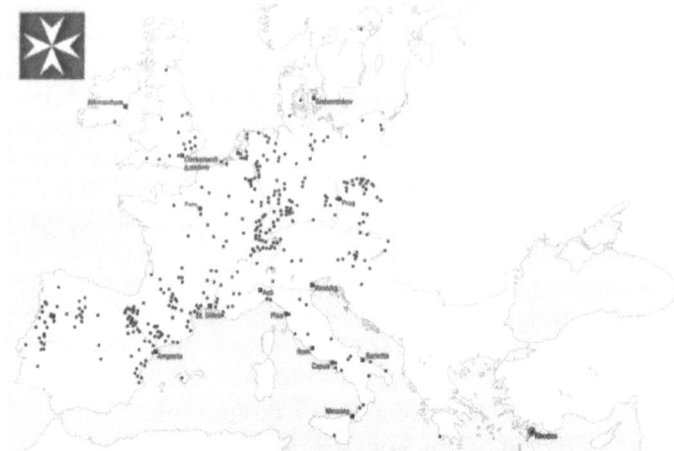

Die 1113 gegründeten Johanniter („Souveräner Ritter-
und Hospitalorden vom heiligen Johannes und
Jerusalem, von Rhodos und von Malta") nennen sich
seit der Ansiedlung auf Malta Malteserorden.

Nach der Vertreibung aus Palästina 1291 wurde der
Sitz von Jerusalem nach Zypern verlegt, 1310 nach
Rhodos. Nach der Eroberung der Insel durch die
Osmanen schließlich 1530 nach Malta.
In dieser Zeit veranstaltete der Orden regelmäßig den
Corso, eine Jagd auf muslimische Schiffe im
Mittelmeer.

Die dabei gefangenen Muslime wurden versklavt. Malta war einer der größten christlichen Sklavenmärkte der Neuzeit; damals waren vor allem Kriegsschiffe hauptsächlich immer noch von Galleerensklaven angetrieben.

1565 hielten die Malteser der großen osmanischen Belagerung stand und zahlten in der Seeschlacht von Lepanto als Teilnehmer der christlichen Flotte (heilige Liga) den größten Blutzoll beim Sieg über die Türken.

12.000 christliche Galleerensklaven wurden in der Schlacht auf den eroberten Schiffen befreit.

Heute hat der Orden ca. 16.500 Mitglieder.

Sein Ziel ist es Alte, Behinderte, Flüchtlinge, Todkranke oder Leprakranke, unabhängig von Herkunft und Religion, weltweit karitativ zu unterstützen.

# Löwenherz

Am dritten Kreuzzug nahm neben dem deutschen
Kaiser Friedrich Barbarossa, der unterwegs im Fluss
Saleph ertrank und dem französischen König Philip
II ein gewisser Richard Plantagenet teil.
Er war Herzog von Aquitanien, Maine und der
Normandie und König von England.

Bei der Eroberung von Akkon ließ er die
Standarte Leopolds V. von Österreich im Streit
um die Beuteverteilung in den Burggraben
werfen.
Auch ließ er keine Gelegenheit aus, König
Philipp II von Frankreich, dessen Lehnsmann er
eigentlich war, spüren zu lassen, dass er durch
seine reichen französischen Ländereien der
mächtigere Herrscher in Frankreich war.

Diese Machtdemonstration sollte ihn noch teuer zu
stehen kommen:

Der französische König kehrte vorzeitig nach Hause
zurück, um sich mit Richards Bruder Johann ohne
Land (er hieß so, weil er als jüngstes Kind von

seinem Vater als einziger kein Land zum Lehen versprochen bekam) von England zu verbünden.

Diese Zeit nutzte Richard, um sich im Kampf gegen Saladin den Namen Löwenherz zu verdienen.

Als er erfuhr, dass sein Bruder Johann dem französischen König Richards Besitzungen in Frankreich übertragen hatte, musste er den Kreuzzug abbrechen.

Er schloss einen ehrenvollen Waffenstillstand mit Saladin, der den Zugang zu Jerusalem für die Christen sicherte.

Er hatte einige bedeutende Siege über Saladin errungen und die Mittelmeerküste von Akkon bis Askalon erobert.

Auf dem Heimweg wurde er von Leopold V. , dessen Standarte er entehrt hatte, in Österreich gefangen genommen und an den jetzigen deutschen Kaiser Heinrich VI überstellt, wo er auf Burg Trifels gefangen gehalten wurde.

Dieser verlangte u. a. 100.000 Mark Silber (23 Tonnen!) Lösegeld.

Sein Bruder Johann verweigerte natürlich jede Lösegeldzahlung. Seine Mutter jedoch verkaufte alle Güter, die Richard noch nicht für die Finanzierung des Kreuzzuges verkauft hatte, für die Finanzierung des Lösegeldes.

Aus dieser Zeit sind keinerlei Wertgegenstände wie Lüster oder silbernes Besteck in England vorhanden.

Wirtschaftlich waren diese Kapitalabflüsse für England verheerend und Auslöser für Unruhen, die Grundlage des Robin-Hood-Mythos sind.

Heinrich VI eroberte mit seinem Teil des Lösegeldes Sizilien, von wo er mit dem Vielfachen an Geld zurückkehrte, welches er für den Aufbau der Städte Worms und Speyer verwendete.

Leopold V verschönerte mit dem Geld vor allem Wien und befestigte seine anderen Städte.

Nach der Rückkehr nach England versöhnte sich Richard mit seinem Bruder Johann und machte sich an die Rückeroberung seiner französischen Gebiete, wo er bei der Belagerung der Burg Chalus von einem Armbrustbolzen tödlich getroffen wurde.

Pierre Basile, der Schütze, gab an, aus Rache dafür gehandelt zu haben, dass sein Vater und seine beiden Brüder im Kampf gegen Richard Löwenherz ums Leben kamen.
Kurz vor seinem Tod begnadigte Richard den Schützen und ordnete seine Freilassung an.

Nach seinem Tod jedoch ließ der Söldnerhauptmann Mercadier den Schützen bei lebendigem Leib häuten und aufhängen.

Richard erkämpfte sich seinen ehrenvollen Platz in der englischen Geschichte, doch hatte auch hier der Glaube verheerende und weitreichende Folgen gehabt.

## Kreuzzug gegen Christen

Das Instrument des Kreuzzuges ließ sich nicht nur erfolgreich gegen Moslems und Slawen einsetzen, sondern auch gegen unliebsame Christen:
Die Katharer wirkten zuerst im südfranzösischen Albi, weshalb sie auch Albigenser genannt wurden.

Als sich in Europa die Geld- und Warenwirtschaft entwickelte und die Städte reich machte, versuchten auch die Kirche und der Adel davon zu profitieren.

Über Kredite und Abgaben wie dem Zehnten wurden gute Profite erzielt. Vor allem in Südfrankreich etablierte sich die Gegenbewegung der Kartharer, die eine asketische, das Eigentum zurückweisende und antiklerikale Haltung etablierten.

Da der südfranzösische Adel die Bewegung unterstützte und keinen Zehnten erhob, waren die Albigenser äußerst beliebt und die Region wurde eine der reichsten Frankreichs.

Für die Kirche stellte die Bewegung eine gefährliche und völlig neue Bedrohung dar.

Und der französische König wollte sich selbstverständlich die reiche Gegend einverleiben.

Somit war der Weg vorgezeichnet:
Die Kartharer wurden exkommuniziert und als Ketzer gebrandmarkt.

Der vom Papst bestellte Albigenserkreuzzug dauerte zwanzig Jahre, das blühende Südfrankreich wurde völlig verwüstet und weitgehend entvölkert.
Die Einwohner von Beziers, Minerve und Lavaur wurden durch Massaker eliminiert.

Auf die Frage der Soldaten, wie sie denn die Ketzer von den zahlreich in den Kirchen Schutz suchenden normalen Christen unterscheiden sollten, sagte der päpstliche Abgesandte Arnaud Amaury:
„Tötet sie alle, Gott wird die seinen schon erkennen."

Männer, Frauen und Kinder wurden gleichermaßen umgebracht.
Alleine in Beziers starben 20.000 Einwohner.
Auch die nach der Belagerung verbliebenen Einwohner von Carcassonne wurden verbrannt und gehängt.

Der französische König verleibte die auf Dauer verwüstete Gegend seinem Reich ein, die Kirche hatte ihre alleinige Glaubensgewalt wiederhergestellt.

Der rechte Glaube hatte mal wieder gesiegt.

Richard Löwenherz hatte ja mit seinem durch Abenteuerlust und Glaubenseifer getriebenen Unternehmen „Dritter Kreuzzug" letztlich auch die Eroberung Siziliens durch den deutschen Kaiser Heinrich VI finanziert.

Der eroberte die Insel von den Normannen, die ihrerseits die Sarazenen vertrieben und auch schon gegen das christliche Byzanz gekämpft hatten.

Die Normannen waren Nachfahren der Wikinger, die auf ihren Raubzügen nach Europa vom französischen König mit der Normandie belehnt wurden, nachdem sie sich (natürlich politisch motiviert) zum Christentum bekehrt hatten.

Einer von ihnen, Wilhelm der Eroberer, eroberte England und wurde Vorfahre von Richard Löwenherz. So schließt sich der Kreis.

# Nordmänner

Die Wikinger traten 793 erstmals in der für uns wichtigen Geschichte auf den Plan:

Auf der englischen Insel Lindisfarne gründeten 635 schottische Mönche eine Abtei. Von hier aus trieben sie die Christianisierung Englands voran. Am 8. Juni 793 wurde die Abtei von Wikingern angegriffen und die Mönche getötet.

Lange Zeit fielen sie immer wieder ab dem Frühjahr in nahezu alle europäischen Gebiete ein um zu plündern und zu brandschatzen.

In den folgenden Jahrhunderten errichteten die Wikinger Staaten in Frankreich, England, das Königreich beider Sizilien, in Nordafrika und sogar einen Kreuzfahrerstaat.

Wagen wir einen Blick auf die germanisch-nordische Mythologie vor der Christianisierung der Nordmänner:

Aus dem Urchaos (Ginungagap) und dem Urrind (Audhumbla) entwickelten sich drei Geschlechter:

=>Das Geschlecht der **Riesen** und Ungeheuer, zu dem alle bösen Wesen gehören, die für die Naturkatastrophen verantwortlich gemacht wurden.

Diese haben die Macht, die Welt zu vernichten.

Als Gegengewicht wurden die Asen und Wanen geschaffen.

Sie halten alles im Gleichgewicht bis zum finalen Endkampf, der Götterdämmerung, in dem die gefallenen Menschenkrieger an der Seite der Götter gegen die Riesen kämpfen.

Die ganze Welt wird vernichtet, um wiedergeboren zu werden.

=>Die **Wanen** gelten als weise und erdverbunden. Sie leben ewig, sofern sie nicht erschlagen werden.

=>Die **Asen** gelten als äußerst mutig und stark, aber nicht sehr klug. Ihr ewiges Leben verdanken sie einem Trank, der sie abhängig von den Wanen macht.

Odin, Thor, Balder, Heimdall, Bragi, Ullr, Frigg u. a. waren Asen und Wanen.

Daneben gab es die Nornen, Folgegeister und Walküren.
Sie hatten alle ihre Aufgabe in der sozialen Weltordnung und der Beschreibung von Naturereignissen.

Die Nornen Urd, Skuld und Verdandi spinnen den Lebensfaden jedes Menschen.

Die Folgegeister sind Geister, die die Menschen begleiten und die Walküren sind Odins Sendboten, die gefallene Helden nach Walhalla bringen, wo sie an Odins Tafel speisen.

Dann gibt es noch Naturwesen: Zwerge, Elfen und Geister.

Als Odin den Urriesen Ymir erschlug, entstanden aus seinem Blut Bäche, Flüsse und das Meer. Aus seinen Knochen wurden die Steine, sein Fleisch die Erde und seine Haare das Gras und der Wald.

Sein Schädel ist das Himmelsgewölbe.
Die ersten Menschen, Ask und Embla, wurden allerdings von Odin erschaffen. (Ähnlich wie Adam und Eva in der Bibel)

Das Reich der Götter und die Welt der Sterblichen wurde durch Bifröst, eine regenbogenartige Brücke, miteinander verbunden.

In Midgard waren die Menschen heimisch.
Ein riesiges Meer, welches eine gigantische Schlangenbestie, die Midgardschlange beherbergte, umgab sie. Weit in der Ferne lag die Außenwelt Utgard. Hier wohnten allerlei Ungeheuer und Riesen, die den Göttern und Menschen feindlich gesinnt

waren und nur darauf warteten, am Tag des Ragnarök (Tag der Götter bzw. Weltuntergang) zuzuschlagen.

Tief unter der kalten Erde wurde das Totenreich von der Göttin Hel bewacht.
Hel war eine Gottheit, deren eine Körperhälfte eine betörende junge Frau widerspiegelte, während die andere Seite ein altes Skelett zeigte, welches als Symbol für alles Vergängliche stand.

In Asgard wuchs auch der Weltenbaum Yggdrasil.

Dieser überaus gigantische Baum war durch seine Wurzeln mit Midgard, Utgard und Helheim verbunden und hielt das Gefüge der Welt und ihre Ordnung zusammen.

Vor dieser Weltenesche lag auch die Wasserquelle der Schicksalsgöttin.

Der Weltenbaum war immensen Strapazen ausgesetzt: vier Hirsche zerrten an seinen Knospen, der Lindwurm Nidhögg nagte an den Wurzeln und an einer Seite fraß sich schon die Fäulnis in den Baum des Lebens.

Nach der Götterdämmerung, in der z. B. Thor am Gift der Midgardschlange stirbt, nachdem er sie getötet hat und Odin vom Fenriswolf verschlungen wird, entsteht die Welt neu.

## Waräger

Genau wie die Wikinger im Westen, fuhren ab dem 8. Jahrhundert skandinavische Fernhändler (Waräger) die Flüsse Dnjepr und Don entlang nach Süden bis zum Byzantinischen Reich.

Finnische, baltische und slawische Stämme, die zwischen Ostsee und Schwarzem Meer siedelten, waren teilweise verfeindet. Deshalb luden sie einen skandinavischen Edelmann namens Rurik „von der anderen Seite des Meeres" ein, ihr Fürst zu werden. Durch seine neutrale Herkunft erhoffte man sich dauerhaften Frieden.

Die neuen Herrscher- die Rurikiden genannt, gehörten dem Stamm der Rus an, die als Teil der Waräger galten.

Somit sind die Nordmänner Mitbegründer der russischen Rasse und des Reiches der Kiewer Rus.

Anfänglich versuchten die Rus, das byzantinische Reich zu erobern, jedoch erfolglos.

Da der Handel hauptsächlich auf Konstantinopel ausgelegt war, kam es mit der Zeit zu engen Kontakten beider Kulturen, schließlich traten die Rus unter Wladimir dem Heiligen zum orthodoxen Glauben über.

Seit 988 stellten die Waräger die Leibgarde des byzantinischen Kaisers, die Warägergarde.

In der russischen Nestorchronik ist für das Jahr 1224 festgehalten: „Wegen unserer Sünden brachen in jenem Jahr fremde Völker über uns herein, von denen keiner wusste, wer sie waren, woher sie kamen, von wem sie abstammten oder welchen Glauben sie hatten."

Es waren die Mongolen.

# Die Mongolen

Wir wissen, welchen Glauben sie hatten:

Als Anhänger einer schamanistischen Religion verehrten die fremden Völker aus den Steppen Asiens verschiedene Götter und Geisterwesen. Auch der Ahnenkult spielt eine wichtige Rolle. Mit der Zeit vermischte sich der Schamanismus mit dem Buddhismus zu einer untrennbaren Religion.

Wie bei den Hunnen Jahrhunderte vorher sind Eingeweideschau und Schulterblattschau als Mittel der Vorhersage überliefert. Da fließendes Wasser als lebendig galt, musste es reingehalten werden. Deshalb wuschen die Mongolen sich und ihre Kleider nicht; nur ihre Herrscher machten hin und wieder eine Ausnahme.

Unter Dschingis Khan und seinen Nachfolgern errichteten die Mongolen das größte je existierende Landreich der Geschichte, in dem über 100 Millionen Menschen lebten.

1221 unternahmen zwei Generäle Dschingis Khans, Jebe und Subutai einen ersten Feldzug nach Europa. Sie besiegten weit überlegene Heere von Georgiern und Russen.

Im selben Jahr schlossen sie ein Bündnis mit venezianischen Kaufleuten: im Gegenzug für Karten und detaillierte Informationen über Westeuropa eroberten sie die genuesische Stadt Sudak auf der Halbinsel Kertsch.
Die europäischen Ritterheere hatten keine Chance gegen die Kampftaktik der Mongolen.

Wichtigste Waffe war der gefürchtete Komposit-Reflexbogen. Er hatte eine größere Reichweite und Durchschlagskraft als die europäischen Langbögen. Jeder Mongole führte bis zu 90 Pfeile mit sich, die er- seit frühester Kindheit übend- in vollem Lauf in der Schwebephase des Galopps abfeuern konnte.

Bis auf 50-100 Meter ritten sie an den Gegner heran und überschütteten ihn mit Pfeilen, wobei hauptsächlich auf die Pferde gezielt wurde. Bei einem Gegenangriff erfolgte üblicherweise der Tulughma, ein geplanter Rückzug, wobei ein Teil der mongolischen Reiterei den Feind umging und in dessen Rücken bzw. die Flanke einfiel.

Der Gegner wurde nie vollständig eingeschlossen; immer wurde ihm eine Rückzugsmöglichkeit offengelassen.
Der Grund: Er sollte nicht mit dem Mut der Verzweiflung kämpfen.

Fliehende Gegner wurden extrem zäh und oft tagelang verfolgt und getötet. Die Vernichtung des Gegners bis zum letzten Mann war Kernaspekt mongolischer Kriegsführung.
Die Mongolen mussten nicht jeden Kampf gewinnen: Sie wussten, dass sie mit ihrer Mobilität den Feinden weit voraus waren. Meist konzentrierten sie sich auf die Ressourcen des Gegners: Die Städte wurden von der Nahrungs- und Wasserversorgung abgeschnitten.

Die Bauern wurden zur Flucht in die Städte
getrieben, so dass dort Seuchen ausbrachen.
Viele Städte verödeten, bevor sie überhaupt
angegriffen wurden. (Manche Ruinenstädte entlang
der Seidenstraße sind bis heute verlassen.)

Lange Belagerungen wurden- wenn Weideflächen
fehlten, vermieden. Stattdessen bevorzugte man
den schnellen Sturm, eine Kriegslist oder
Vertragsbruch.
Bei Misserfolgen zog das mongolische Heer weiter.

Nicht zu vergessen war die psychologische
Kriegsführung:
Bei der Kharasch-Taktik trieben sie einen Haufen
unterlegener Feinde als lebende Schutzschilde vor
sich her.

Ab dem 14. Jahrhundert errichteten sie Bauwerke
aus Menschenknochen vor jeder eroberten Stadt, die
sich nicht ergab, ließen jedoch einzelne gefangene
Feinde laufen, um den Schrecken in der Umgebung
zu verbreiten.
Pyramiden aus tausenden abgeschlagener Schädel
wurden mit Erdöl übergossen und angezündet.

Der Oberschicht der eroberten Stadt wurde
grundsätzlich der Wechsel in eine andere Gegend

befohlen; bei Ablehnung wurde die gesamte Bevölkerung massakriert.

Im krassen Widerspruch dazu steht die Pax Mongolica, der mongolische Friede:
Der Legende nach konnte innerhalb des mongolischen Reiches eine Jungfrau alleine, mit einem Topf voll Gold von einem Ende des Reiches bis zum anderen laufen, ohne belästigt zu werden.

Dschingis-Khan gilt bis heute als einer der größten Massenmörder der Geschichte, obwohl sein gewaltiges Reich seinen Bewohnern eine lange Zeit des Friedens und der Sicherheit brachte.

Da sie viele Gebiete- wie z.B. das Gebiet der Russen- nicht nachhaltig kontrollieren konnten, richteten die Mongolen in regelmäßigen Abständen präventiv unvorstellbare Gemetzel an, die die unterworfenen Völker regelrecht lähmten.

# Der schwarze Tod

Das bekamen auch die Russen zu spüren:
Das Reich der Kiewer Rus wurde - wie in der
Nestorchronik festgehalten- ebenfalls von den
Mongolen überrannt und musste regelmäßigen
Blutzoll zahlen.

Schon über hundert Jahre nachdem die Mongolen für
die Venezianer gegen die Genuesen kämpften,
bestand hier das Khanat der goldenen Horde, das die
Mongolen errichteten, die zum Islam übergetreten
waren.

Beim Versuch, die Halbinsel Krim im Schwarzen Meer zu erobern, belagerten die Mongolen 1346 die von den Genuesern gehaltene Stadt Kaffa.
Unter anderem schleuderten sie mit Katapulten an der Pest gestorbene Leichname über die Stadtmauer.

Die Einwohner warfen die Leichen zwar direkt ins Meer, jedoch kam die Krankheit mit genuesischen Schiffen nach Europa.

Die folgende große europäische Pandemie entvölkerte ganze Landstriche, etwa 30 Millionen Menschen, also ein Drittel der damaligen Bevölkerung, ging elend zu Grunde.

Das soziale Gefüge geriet durcheinander, keiner wusste, dass Ratten als Wirte des Pestflohes die Krankheit überallhin verbreiteten.

Also musste es göttlicher Wille sein.
Die größte Katastrophe für die Kirche jedoch war die Tatsache, dass sämtliche Geistlichen, die ihre Aufgabe ernst nahmen und nah bei den Sterbenden ihre Arbeit machten, ebenfalls zu Grunde gingen.
Der italienische Schriftsteller und Zeitzeuge Bocaccio schrieb in seinem Werk Decamerone:

„Wir wollen darüber schweigen, dass ein Bürger den anderen mied, dass fast kein Nachbar für den anderen sorgte und sich selbst Verwandte gar nicht oder nur selten und dann nur von weitem sahen.

Die fürchterliche Heimsuchung hatte eine solche Verwirrung in den Herzen der Männer und Frauen gestiftet, dass ein Bruder den anderen, der Onkel den Neffen, die Schwester den Bruder und oft die Frau den Ehemann verließ; ja, was noch merkwürdiger und schier unglaublich scheint: Vater und Mutter scheuten sich, nach ihren Kindern zu sehen und sie zu pflegen — als ob sie nicht die ihren wären (...) Viele starben, die, wenn man sich um sie gekümmert hätte, wohl wieder genesen wären.

Aber wegen des Fehlens an ordentlicher, für den Kranken nötiger Pflege und wegen der Macht der Pest war die Zahl derer, die Tag und Nacht starben, so groß, dass es Schaudern erregte, davon zu hören, geschweige denn es mitzuerleben."

Da die Seuche als Gottesstrafe angesehen wurde, entstanden viele religiöse Bewegungen, die die Monopolstellung der Kirche herausforderten.

Prozessionen und Bittgottesdienste prägten in Erwartung der Seuche den Alltag.

Büßer und Flagellanten zogen umher.

Ein bewährtes Ventil wurde geöffnet:
Judenpogrome, da die Juden angeblich das Wasser
vergifteten.

Der massive Bevölkerungseinbruch ermöglichte
jedoch auch eine Umstrukturierung der Gesellschaft.
In der Folge konnten sich mehr Menschen einen
höheren Lebensstandard leisten.

An Corona starben ca. ein Prozent der Infizierten.
An der Pest überlebte ca. ein Prozent!

Noch ein Gewinner: Die Kirche!

Von zahllosen Seuchenopfern zur Seelenrettung als
Erbe eingesetzt, ging sie ungleich reicher aus der
Katastrophe hervor.

Jedoch auf Kosten der Popularität:
Sie hatte weder eine plausible Begründung dafür
liefern können, warum den Menschen eine solch
schwere Prüfung auferlegt wurde, noch hatte sie den
Gläubigen Beistand gewährt, als sie es am nötigsten
hatten.

Auch nach dem Abklingen der
Flagellantenbewegung suchten viele Gott bei
mystischen Sekten und in Reformbewegungen, was
letztlich die katholische Glaubenseinheit
auseinanderbrechen ließ.

## Conquistadoren

Am 2. Januar 1492 kapitulierte Mohammad XII, der letzte Herrscher von Al Andalus, vor den katholischen Königen Ferdinand und Isabella.

Die fast 800 Jahre dauernde Reconquista war abgeschlossen. Sie hatte Helden hervorgebracht wie Rodrigo Diaz de Vivar, genannt El Cid, der Herr.

Er hatte in Allianz vor allem mit maurischen Fürsten gegen den Islam gekämpft und sich wieder und wieder mit den christlichen Herrschern überworfen.

Doch die Reconquista endete nicht an den Grenzen Spaniens bzw. Europas:

Die Spanier- weiterhin von religiös getriebenem Kampfeswillen beseelt, setzen nach Afrika über und eroberten Melilla und Oran sowie weitere nordafrikanische Landstriche.

Möglich machte das Ganze ein mächtiges Instrument des Glaubens: die Inquisition.

Das lange Zeit verbreitete Klima der Toleranz und des Respektes gegenüber Moslems und Juden war vielen Christen und der Kirche schon lange ein Dorn im Auge.

Also wurde mit Genehmigung des Papstes die Inquisitionsbehörde ins Leben gerufen, die sich als Speerspitze im Kampf gegen Ketzerei bewähren sollte.

Die zunächst geduldeten Juden und Mauren wurden zur Taufe genötigt und wenn sie sich weigerten des Landes verwiesen.

Ungeahnte Betätigungsfelder taten sich den Conquistadoren (Eroberern) mit der Entdeckung und Eroberung von Amerika auf:

Ob es Zufall war, dass ein Genuese in kastilischen Diensten eben im selben Jahr des Triumphes über die Ungläubigen mit der Landung auf den Bahamas Amerika entdeckte?

Zwar suchte der Italiener Kolumbus den Seeweg nach Indien und ein anderer Italiener, Amerigo Vespucci gab Amerika seinen Namen, doch war es ein Schicksalsjahr für Spanien.

Im Zeichen des Kreuzes wurde ein neuer Kontinent erobert und geplündert:

Die allermeisten Ureinwohner starben an den eingeschleppten Krankheiten, gegen die sie keinerlei Abwehrkräfte hatten.

Zwar gibt es Aufzeichnungen, wie z.B. von Bartolomé de las Casas, einem Dominikaner, die belegen, wie durch Massenmorde, Raub und Vergewaltigung und allen nur erdenklichen Grausamkeiten die Eingeborenen vernichtet wurden, doch galt allgemein die Ansicht, dass man rechtens und im Namen des Herrn handelt.

Die jetzt beginnende auch europäische Großmachtpolitik Spaniens ging auf Kosten von abermillionen Menschenleben und den Kulturen, die mit ihnen untergingen.

Und das lief folgendermaßen:

Zwei Jahre nach der Entdeckung Südamerikas teilten Spanien und Portugal im Vertrag von Tordesillas ihre Interessensphären auf.

Portugal bekam ein Gebiet, das ungefähr dem heutigen Brasilien entspricht.

Das ganze sonstige Südamerika wurde unter Vermittlung des Papstes Spanien zugesprochen, weshalb man nur in Brasilien portugiesisch spricht, im Rest Südamerikas spanisch.

Nicht nur der Wagemut und die Rücksichtslosigkeit der Conquistadoren halfen, einen ganzen Kontinent zu erobern.
Auch der Zufall und unglaublich glückliche Umstände taten das ihre.
Nicht zu vergessen:
Die eingeschleppten Krankheiten.

Die Spanier eroberten Südamerika (auch große Teile Nordamerikas!) von der Karibik und Mittelamerika aus, immer angetrieben vom Ziel des sagenhaften Goldlandes: El Dorado.

Das oberste Ziel blieb nie Eroberung und Besiedlung neuer Ländereien für Spanien, sondern die Jagd nach Reichtümern.
Francisco Pizarro erkundete die Pazifikküste und eroberte das Inkareich.

Dabei machte er sich auch den gerade stattfindenden Bruderkrieg zwischen Atahualpa und Huáscar um den Inkathron zu Nutze, in dem er beide Parteien gegeneinander ausspielte.

Am Ende nahm er Atahualpa gefangen.
Dieser hoffte, sich freikaufen zu können und bot Pizarro an, seine Gefängniszelle mit Goldgegenständen so hoch füllen zu lassen, wie er den Arm nach oben ausstrecken könne.
Verdutzt konnte Pizarro nicht direkt antworten, also bot Atahualpa an, auch die Nachbarzelle genauso hoch mit Silber füllen zu lassen.
Als er wieder Worte fand, gab Pizarro zu bedenken, dass der zweite Raum kleiner sei. Atahualpa sagte zu, diesen dann eben zweimal füllen zu lassen.

Drei Monate brauchten seine Untertanen, um so viel Edelmetall herbeizuschaffen, bis die beiden Räume bis zur gemalten roten Linie gefüllt waren.

Trotzdem wurde der Inkaherrscher nach Zahlung des Lösegeldes von den Spaniern erdrosselt.

Weiter nördlich, im heutigen Mexiko, herrschten die Azteken.

Quetzalcoatl, der aztekische Gott des Windes, der Erde und des Himmels, ist ein Schöpfergott und symbolisiert den Ozean.

Eine Legende besagt, dass er einst, als er sich in das geheimnisvolle Tlapallan einschiffte, eine Verheißung hinterließ:
Er würde eines Tages, über den Atlantik kommend, mit seinem Gefolge zurückkehren und das Land wieder in Besitz nehmen.

Genau aus dieser Richtung kamen die Spanier, die an der Küste landeten! Montezuma Il, der aztekische Herrscher, der sich Hernán Cortéz in den Weg stellte, konnte deswegen nicht ausschließen, dass es sich nicht doch um Quetzalcoatl handelte.

Die Weissagung traf genau zu!
Zusätzlich hatten die Azteken noch nie Pferde
gesehen; da die Reiter mit dem Tier zu einem
Wesen verschmolzen, mussten sie übernatürlich
sein.

Deswegen wehrten sie sich anfangs nur sehr
zögerlich gegen die Eroberer.
Dieser unglaubliche Zufall half Cortéz, das
Aztekenreich zu vernichten und an der Stelle der
zerstörten Hauptstat Tenochtitlan Mexico-Stadt zu
errichten.

Als Rechtfertigung diente den Spaniern, dass die
ganze Kultur der Azteken, die Religion und die
Opferrituale ein Werk des Teufels seien.

Die Schilderungen verschiedener grausamster
Opferriten stammen ausschließlich von den
Konquistadoren und spanischen Priestern.
Deshalb kann man eine gewisse Übertreibung
vermuten.

Was überliefert ist:
Die Azteken führten „Blumenkriege", bei denen es
in beiderseitigem Einverständnis in der Hauptsache
darum ging, Gefangene zu machen, die dann
geopfert wurden.

Manchmal opferten sich auch Krieger selbst den Göttern, was ihnen ein hohes Maß an Ehre brachte.

Derjenige, der geopfert wurde, wurde auf der Spitze einer Pyramide auf einem Opferstein jeweils an Armen und Beinen festgehalten, dann wurde ihm mit einem Steinmesser das Herz herausgeschnitten.
Mit dem frischen Blut bespritzte der Priester sich selbst und die Götterstatuen.
Die Leiche wurde danach die steilen Stufen heruntergeworfen. Teile von besonders hochstehenden Opfern wurden gebraten und gegessen.
Zu Gunsten des Regengottes Tlaloc wurden Kinder in Käfigen zum Weinen gebracht und man ließ sie verhungern.

Die Azteken hatten über 1.600 Gottheiten, da sie die Götter der unterworfenen Völker „adoptierten".

Diejenigen, die eines natürlichen Todes starben, kamen nach Mictlan in die neunschichtige aztekische Unterwelt, die vom Totengott und der Totengöttin regiert wurde.
Gefallene Krieger jedoch hatten die Ehre, die Sonne auf ihrem Weg zum Zenit zu begleiten. Die Frauen, die im Kindbett gestorben waren, hatten ihren

Beitrag zum überlebenswichtigen Krieg geleistet: sie durften die Sonne auf ihrem Weg vom Zenit bis zum Sonnenuntergang begleiten.

Wer ertrank oder vom Blitz erschlagen wurde, kam ins Reich des Regengottes Tlaloc, ins Paradies der Blumen.

Die Inkas und die Azteken hatten ihre Reiche durch Eroberungskriege geschaffen. Die eroberten Völker waren tributpflichtig und wurden nicht ins Reich integriert.

Das machte es den Spaniern einfach, diese als Verbündete gegen die Großreiche zu gewinnen und sie zu vernichten.

Finanziell hatte sich die Einrichtung der Inquisition als staatliche Institution jedenfalls mehr als gelohnt.

Auch die Tatsache, dass durch die Entvölkerung Amerikas keine Arbeitskräfte für neu angelegte Plantagen und sonstige schwere Arbeiten mehr vorhanden waren, war kein großer wirtschaftlicher Schaden:

Jetzt konnte der Sklavenhandel in ganz großem Stil als atlantischer Dreieckshandel aufgezogen werden!

Fast alle mächtigen europäischen Staaten beteiligten sich:
Allerlei Waren, die in Europa produziert wurden, wurden nach Westafrika verschifft, wo man sie gegen Sklaven tauschte.
Diese verschiffte man in die Karibik, verkaufte sie und kaufte mit dem Erlös Rohstoffe wie Baumwolle, Rum, Rohrzucker u.s.w., die dann wiederum sehr gewinnbringend in den europäischen Heimathäfen verkauft wurden.

Auch hier tat die allgegenwärtige Unmenschlichkeit den schwarzen Sklaven gegenüber dem eigenen frommen Glauben keinerlei Abbruch.
Zumal noch heute die Pracht der Kirchen von einstigem Glanz erzählt.

Und die Sklaven?
Die wurden natürlich auch bekehrt zum rechten christlichen Glauben, was nicht schwer war:

Wer, wenn nicht der barmherzige Christengott nahm sich ihnen an und gab ihnen Halt und Zuversicht?

Noch heute haben sie oft ein stärkeres Glaubensbild als viele Weiße.

# Inquisition

Die Inquisition wurde dort tätig, wo es die Kirche als nötig erachtete: Den Vorsitz bildeten meist Bischöfe und Ordensgeistliche.

Die althergebrachten Gottesurteile oder Reinigungseide waren nicht mehr zugelassen:

Gottesurteile waren früher der letzte Weg zur Rechtsfindung. Fanden sich nicht genug Zeugen für oder wider einen Angeklagten, wurde als nächster Schritt auf Eideshelfer zurückgegriffen. Eine Gruppe von ein oder zwei Dutzend Personen unterstützte unter Eid die jeweilige Partei. Konnte jetzt immer noch kein eindeutiges Urteil gefällt werden, griff man zum Gottesurteil:

Bei der Feuerprobe musste der Delinquent ein glühendes Eisen mehrere Schritte weit tragen. Entzündete sich die Wunde statt zu heilen, galt er als schuldig.

Bei der Kaltwasserprobe wurde der Delinquent zuvor in gesegnetes Wasser geworfen. Das geheiligte Wasser würde den Schuldigen abstoßen, so dass er oben schwimmt; die Unschuldigen gingen unter und ertranken.

Die Kesselprobe, bei der der Delinquent in siedendes Öl oder Wasser greifen musste, wurde wie bei der Feuerprobe durch die Wundheilung entschieden.

Dann gab es noch den Zweikampf- oft auf Leben und Tod, bei dem zwei Kämpfer für Kläger bzw. Angeklagten antraten.

Mit Einführung der Inquisition jedenfalls stand die „rationale Wahrheitsfindung" im Vordergrund. Anklage erhob nicht mehr eine Konfliktpartei, sondern ein Ankläger der Obrigkeit, der gleichzeitig über die Richtgewalt verfügte.

Auch hier bediente man sich Zeugenaussagen; der Prozessablauf wurde protokollarisch dokumentiert.

Sachbeweise hatten keine Gültigkeit; das schriftlich festgehaltene Geständnis war entscheidend.

Dieses wurde vornehmlich durch die Folter erzwungen, denn: Gott würde dem Unschuldigen gewiss die Standhaftigkeit verleihen, den Schmerzen der Folter zu widerstehen!

Als im 15. Jahrhundert in Mitteleuropa die „kleine Eiszeit" mit teilweise verheerenden Folgen für die Menschen auftrat, als hin und wieder Seuchen auftraten, als verheerende Kriege und Aufstände ausbrachen:

Die Obrigkeit erinnerte sich jedes Mal gerne an das Mittel der Inquisition, um die Untertanen klein zu halten.

Der von den Dominikanern erarbeitete Hexenhammer diente als Richtschnur, um zehntausenden meist weiblichen Opfern den Prozess zu machen.

Da jeder dem Risiko ausgesetzt war, aus den fadenscheinigsten Gründen diffamiert zu werden, war die Herrschaft der Obrigkeit gesichert.

# Neue Medien

Vierzig Jahre vor der Vertreibung der Moslems aus Spanien und der Eroberung Amerikas fand ein für die Kirche und den Glauben folgenschweres Ereignis statt:

Johannes Gutenberg erfand den Buchdruck.

Nach Ausbildung der Sprache und Entwicklung der Schrift hatte der Mensch die dritte Medienrevolution vollbracht.

Druckerzeugnisse gehörten ab jetzt zum Alltag und lösten die Handschriften ab.

Die Mönche, die über Jahrhunderte die alten Schriften in jahrelanger Handarbeit abschrieben und der Nachwelt retteten, waren jetzt nicht mehr gebraucht.

Jeder konnte sich jetzt günstig Wissen aneignen und war nicht mehr auf die Wiedergabe einiger elitärer Prediger, die meist Latein lasen, abhängig.
Da die große Masse nicht mehr wie früher vollständig unwissend gehalten werden konnte, konnte man jetzt nicht mehr einfach so Aufrufe starten, ins Gelobte Land zu marschieren, um Ungläubige zu bekämpfen.

Es gab keine Ungebildeten und keine Ungläubigen mehr.

Noch schlimmer für die Kirche:
Als Martin Luther die Bibel ins Deutsche übersetzt hatte und jeder selbst die Heilige Schrift (nicht mehr wie früher in Latein) studieren konnte, gab es plötzlich unzählige Wissende, die Gottes Wort in ihrem Sinne lasen.

## Kleiner Exkurs

## Don Quijote

In der Folgezeit verbreiteten sich dementsprechend viele Schriften:

Wie schon erwähnt, kämpfte der Malteserorden zusammen mit Spanien, Venedig und Genua 1571 in der Seeschlacht von Lepanto gegen die Vorherrschaft der Türken im Mittelmeer.

Mit dabei war auch Miguel de Cervantes.

Der Oberbefehlshaber der christlichen Flotte, Don Juan de Austria bescheinigte ihm besonderen soldatischen Mut; er erhielt drei Schusswunden, zwei in die Brust und eine in die linke Hand, die dauerhaft gelähmt blieb. Seitdem hatte er den Beinamen Einarmiger von Lepanto.

Später wurde sein Schiff von algerischen Korsaren geentert, er wurde in Algerien als Sklave verkauft und nach fünf Jahren vom Orden der Trinitarier freigekauft.

Sein Roman Don Quijote in dem er den ritterlichen Idealismus auf die Schippe nimmt und den spanischen Imperialismus kritisiert, machte ihn zum spanischen Nationaldichter, vergleichbar mit seinem englischen Zeitgenossen William Shakespeare.

In Anlehnung an den Ruhm und Reichtum, den er mit dem Don Quijote verdiente, sagte er: „Ich habe die Fähigkeit, meine linke Hand zu bewegen, zum Ruhme meiner rechten verloren".
Doch auch den Reichtum verlor er nach kurzer Zeit wieder.

Als Junker Jörg lebte Martin Luther eine Zeit lang inkognito auf der Wartburg, wo er 1521 in nur elf Wochen das Neue Testament ins Deutsche übersetzte.

Da er „dem Volk aufs Maul geschaut" hatte, legte er den Grundstein für eine einheitliche deutsche Sprache.

Den Grundstein für sein Untertauchen hatte er ebenfalls selbst gelegt:

Er sah als Mönch in Gottes Gnadenzusage und in der Rechtfertigung durch den Glauben das Wesen des christlichen Glaubens.

In seinen 95 Thesen, die er an die Schlosskirche in Wittenberg geschlagen haben soll, wendet er sich gegen die von der Kirche geschürte Angst vor dem Fegefeuer.

Er orientierte sich ausschließlich an Jesus Christus als Fleisch gewordenes Wort Gottes.

Er wollte die in seinen Augen krassen Fehlentwicklungen der Kirche beseitigen und in der ursprünglichen evangelischen Gestalt wieder herstellen, also „reformieren".

Z.B. wurde durch den Ablasshandel der Bau des Petersdoms finanziert; die Kirchenoberen lebten in Saus und Braus.

Es kam jedoch gegen seinen Willen anders:

Die Kirche spaltete sich. Erst durch Bildung evangelisch-lutherischer Kirchen und dann durch die Entstehung weiterer Konfessionen des Protestantismus.

Sein Wirken hatte nicht nur kirchengeschichtliche, sondern weltgeschichtliche Bedeutung.

Trotzdem hielt Luther an der bestehenden weltlichen Ordnung fest und hielt auch die Leibeigenschaft für gerechtfertigt.

Jede Auflehnung gegen die Obrigkeit lehnte er ab. (Sich selbst nahm er jedoch aus).

Damit fiel er z.B. den Bauern in den Rücken, die, bestärkt durch seine Reformbemühungen den Bauernkrieg als soziale Erhebung begannen.

Er sagte über die Bauern, die sich aus der Leibeigenschaft befreien wollten: „man soll sie zerschmeißen, würgen, stechen, heimlich und öffentlich, wer da kann, wie man einen tollen Hund erschlagen muss." Das nahmen die Fürsten gerne wörtlich.

Die Bauern wurden überall durch professionelle Soldaten niedergemacht und wieder unter das Joch der Fürsten und Äbte geknutet.

Die Reformation wurde in Deutschland wie gesagt von Martin Luther angestoßen.

In der Schweiz von Huldrych Zwingli und Johannes Calvin.

Auch diese Reformbewegung spaltete sich in verschiedene Kirchen auf: Lutheraner, Calvinisten, Zwinglianer, Presbyterianer oder Täufer.

Als der Papst sich 1520 weigerte, die Ehe des englischen Königs Heinrich VIII für nichtig zu erklären, wurde seine Autorität kurzerhand nicht mehr anerkannt; Oberhaupt der englischen Kirche war jetzt der König.

Damit begann auch in England die Reformation.

Die Zeiten, in denen der Papst weltliche Großmachtpolitik betrieb und durch den Kirchenbann den Kaiser nach Canossa laufen lassen konnte, waren endgültig vorbei.

Von der englischen Staatskirche wiederum sagten sich später die Puritaner los.

Besonders radikale Puritaner reisten 1620 auf der Mayflower nach Nordamerika.

Diese Pilgerväter waren die Pioniere Nordamerikas.

Auch hier teilten die Ureinwohner das gleiche Schicksal wie ihre südamerikanischen Leidensgenossen.

# God bless America!

Anthropologen schätzen, dass bei der Ankunft der Spanier 1492 in Nordamerika weit mehr Menschen lebten als in Europa. Über 100 Millionen.
Die Kultur war ebenso alt und reichhaltig wie in Europa.

Der spanische Konquistador Hernando de Soto, der auf der Suche nach Gold nach Norden ins Gebiet der heutigen Südstaaten zog, berichtete „von einem mit Indianern dicht bevölkerten Land, die in tausenden von Kanus die Flüsse entlangpaddelten und die Felder mit Mais bestellten.

Das ganze Land war mit Städten durchzogen, die auch Ausmaße der damaligen Städte wie Madrid oder London hatten. Der Großteil der Bevölkerung lebte auf Farmen, sie hatten Tiergehege, Obstgärten und Teiche".

Seine Expedition war ein Desaster. Weder hatte er Gold gefunden, noch Kolonien gegründet. Seither wurde er mit Don Quijote verglichen.
Trotzdem hatte diese Reise Folgen:

Die Pferde, die entlaufen waren oder von den Einheimischen gestohlen wurden, waren die Basis für die Mustangherden, die die Lebensweise der Prärieindianer grundlegend änderte.

Diese Nomaden konnten, nachdem sie die Pferde gezähmt und in ihre Kultur integriert hatten, die Great Plains besiedeln, die vorher unbewohnbar waren, weil sie mobiler waren und ihre Tipis vergrößern konnten. Die mühsame Jagd auf die Bisons wurde jetzt viel einfacher, die Bevölkerung wuchs.

Ehemals schwache Stämme wie die Komantschen, Cheyenne oder Lakota wurden jetzt zu Machtfaktoren in den Great Plains.

Eine weitere Hinterlassenschaft der Spanier:

Spätere Expeditionen fanden nur entvölkerte Städte und Landstriche vor; die Pocken und andere Krankheiten, die die Spanier mit sich führten, leisteten ganze Arbeit:

Vom größten Massensterben der Menschheit nahm in der alten Welt niemand Notiz.

Als die Pilgerväter mit der Mayflower 1620 in Neuengland landeten, waren sie zwar ausgerüstet mit einem starken Glauben, aber über den Winter kamen sie nur mit Hilfe der Eingeborenen.
Je zahlreicher die Kolonisten wurden, desto mehr wurden nach und nach die Indianer verdrängt.

Später, im Siebenjährigen Krieg, verheizten Franzosen und Engländer die Indianer, die sie- je nachdem, wer welche Stämme auf seine Seite bringen konnte- gegeneinander kämpfen ließen.

Chingachgook und sein Sohn Uncas kämpfen in „Der letzte Mohikaner" an der Seite der Engländer gegen Magua und seine Huronen, die für Frankreich kämpfen; als einziger seines Stammes bleib Chingachgook als letzter Mohikaner übrig.

Kleidung von Seuchentoten an verfeindete Stämme zu schicken und das Ergebnis abzuwarten, war gängige Praxis.

Das einmal gegebene Wort war den Indianern heilig:

Sie konnten nie verstehen, dass man wie die Europäer Versprechungen machen konnte, ohne je daran zu denken, sie zu halten.

Auch die schier endlose Zahl der Einwanderer, mehr als Sterne am Himmel und Tropfen im Ozean, ließ ihre Zukunft dunkel werden. Die Indianerpolitik der vereinigten Staaten war letztlich bestimmt durch den Landhunger der Millionen Einwanderer und zielte nicht nur auf Unterwerfung, sondern auf Auslöschung der Eingeborenen.

Neben dem Verlust ihres Landes mussten die Überlebenden auch den Verlust der eigenen kulturellen Traditionen und Lebensweise hinnehmen.

Manitu war schwächer als der Gott der Eroberer.

In den Algonkin-Sprachen bedeutet Manitu das allumfassende Geheimnis oder die große Kraft, die in allen Dingen, Wesen, Tätigkeiten und Erscheinungen vorhanden ist.

Z.B. wird eine Wolke als Manitu bezeichnet, weil ein Geist vorübergehend ihre Form angenommen hat.

Kitchi-Manitu ist die Summe aller Kräfte. Sie ist die nicht körperlich wahrnehmbare Weltseele.
Die Missionare stellten Manitu mit dem christlichen Gott gleich. Je nach Stamm gehörten zu Manitu verschiedene Mythen, Legenden und heilige Gesänge.

Sie handeln von der Schöpfung der Welt, dem großen Geist und seinen Helfern bzw. Gegnern und den Naturkräften.

Wie in anderen Religionen war die Kontaktaufnahme mit den Geistern und den Ahnen den Schamanen vorenthalten, spirituellen Spezialisten, die auch Medizinmänner genannt wurden.

**Doch zurück zur Reformation:**

Sie war der große Wendepunkt in der Geschichte des Abendlandes.

Der englische Pfarrer John Wycliff wirkte als Vorläufer der Reformation: Er kritisierte Steuern an den Klerus, Bilder- und Heiligenverehrung sowie das Zölibat.

Zunächst fand er Rückhalt beim englischen König, der um eine größere Autonomie der englischen Kirche vom Papst bemüht war. Wycliff bezeichnete den Papst sogar als Antichristen, nachdem dieser einen Prozess gegen ihn eingeleitet hatte. Aus Angst vor einem Volksaufstand wurde Wycliff aber nicht angeklagt. Erst nach seinem Tod wurde er auf dem Konstanzer Konzil als Ketzer verurteilt und seine Gebeine posthum verbrannt.

Auf Wycliff berief sich auch Jan Hus, ein Professor an der Universität Prag, der offen die Habsucht und Verweltlichung des Klerus anprangerte und eine grundlegende Reform auf Grundlage der Bibel anstrebte. Den Papst erkannte er als höchste Autorität in Glaubensfragen nicht an.

Auch seine Ideen stießen bei der Bevölkerung auf großen Zuspruch, was die Kirche sehr beunruhigen musste. Er wurde seines Amtes enthoben und exkommuniziert, worauf Unruhen in Prag ausbrachen.

Vor dem Konstanzer Konzil sollte er seine Aussagen widerrufen und wurde vorgeladen. König Sigismund versprach ihm freies Geleit; trotzdem wurde er gefangen genommen und als Ketzer verbrannt, worauf es in Böhmen zu den Hussitenkriegen zwischen den Anhängern von Hus und dem König kam.

Martin Luthers großes Glück war, dass sein Landesherr Friedrich der Weise von Sachsen als Kurfürst über die Wahl des nächsten Kaisers mitbestimmte. Der Papst wollte die Wahl Karls V. verhindern, Friedrich war für ihn. Als Luther seine

Ansichten auf dem Reichstag von Augsburg nicht widerrief, wurde auch er exkommuniziert, die Reichsacht über ihn verhängt und er wurde für vogelfrei erklärt.

Der frisch gewählte Kaiser Karl V erließ das Wormser Edikt: Neben der Reichsacht für Luther wurde das Studium und die Verbreitung seiner Schriften verboten.

Friedrich der Weise ließ ihn auf die Wartburg bringen, wo er in Sicherheit war und das Neue Testament ins Deutsche übersetzte.

Wie schon erwähnt, lagen die Ursachen der jetzt beginnenden Bauernkriege im Wunsch nach radikalen Reformen der Kirche und Umwälzung der politischen und sozialen Verhältnisse, was u.a. Thomas Müntzer ebenfalls auf Grundlage der Bibel erreichen wollte.

Über 1.000 Burgen und Klöster wurden in den Bauernkriegen zerstört und 80.000 Bauern getötet.

Auf dem Reichstag zu Speyer 1526 traten sechs Fürsten und 14 freie Reichsstädte als Vertreter der protestantischen Minderheit gegen die Reichsacht für

Martin Luther auf und forderten die ungehinderte Ausbreitung des evangelischen Glaubens.

Das war die Geburtsstunde des Protestantismus.

Auch politische Gründe traten zum theologischen Ringen um die richtige Auslegung der Bibel hinzu:

Die Reichsfürsten witterten eine theologische Begründung, die von Rom auferlegte Abgabenlast zu verringern. Es kam zum Schmalkaldischen Krieg zwischen Katholiken und Protestanten innerhalb des Deutschen Reiches, der mit dem Augsburger Religionsfrieden endete: cuius regio, eius religio (Wessen Land, dessen Glaube), jeder Landesherr bestimmt über die Konfession seiner Untertanen.

Die Spaltung der Kirche mündete auch im Ausland zwangsläufig in verschiedene Religionskriege:

In Frankreich hießen die Protestanten Hugenotten. Hier gab es im Zeitraum von vierzig Jahren mehrere Hugenottenkriege, die u.a. in die Bartholomäusnacht mündeten, tausende Hugenotten wurden ermordet, hunderttausende verließen das Land. Als strebsame und tüchtige Bürger trugen sie wesentlich zum wirtschaftlichen Aufschwung von Ländern wie der

Schweiz, Deutschland, Niederlande, Amerika und England bei, wo sie gerne aufgenommen wurden.

In England ließ Heinrich VIII den Übersetzer der Bibel in die englische Sprache hinrichten. Nach ihm ließ Edward VI größere Reformen zu, doch nach seinem Tod wurde England unter Maria Stewart, der „blutigen Maria" wieder gewaltsam zur katholischen Lehre zurückgeführt.

Erst als ihr Elisabeth I auf den Thron folgte, wurde die anglikanische Kirche wieder etabliert. Spätere Bestrebungen, die katholische Kirche wieder zur englischen Staatskirche zu machen, scheiterten an der glorreichen Revolution von 1688.

Somit setzte sich die Reformation auch in England endgültig durch.

## Gegenreformation

Die Kirche war zunächst vollkommen überrumpelt vom Erfolg der Reformatoren.
Die Bevölkerung strömte regelrecht zum neuen

Glauben hin, genau wie viele Reichsstädte und Fürsten.

Kaiser Karl V. herrschte über ein Reich von Südamerika über Spanien bis Österreich, in dem die Sonne niemals unterging.

Er blieb katholisch, war tief religiös und träumte von einer wiedervereinten Christenheit.

Doch konnte er sich nicht allein auf die Niederschlagung der Reformation konzentrieren:

Er hatte mit dem Krieg mit Frankreich und den Türken, die vor Wien standen, allerhand zu tun.

Er sah sich als Beschützer des Abendlandes vor der Expansion des Osmanischen Reiches.

Ein kurzer Schwenk:

Die Türken konnten trotz mehrerer Belagerungen Wiens nicht in die Stadt eindringen, da Leopold V. nach dem dritten Kreuzzug mit dem Lösegeld, das er für Richard Löwenherz bekommen hatte, die Stadtmauern in solchen Dimensionen bauen ließ, dass sie auch 300 Jahre später für die belagerungstechnisch fortschrittlichen Türken nicht überwindbar waren!

# Jesuiten

Das Konzil von Trient (1546-1563) führte zwar zur Modernisierung der Kirche und die angeprangerten Auswüchse bei Klerus und Kurie wurden beseitigt, doch mussten die neuen Konfessionen anerkannt werden, da sie zu stark waren, um beseitigt werden zu können.

Im Italienischen Krieg (Habsburg gegen Frankreich) wurde bei der Verteidigung Pamplonas Ignatius von Loyola durch eine Kanonenkugel schwer am Bein verletzt. Im Gegensatz zu den meisten Kameraden las er jedoch im Krankenbett keine Ritterromane, sondern hauptsächlich theologische Literatur.

Das ließ ihn nachdenken. 1522 verließ er, der als Ritter und Ehrenmann gekommen war, das Kloster, in dem er genesen war, als Bettler und Pilger. Seine Waffen ließ er am Altar der Klosterkirche zurück.

Er verbrachte einige Monate in Einsamkeit und Gebet, als er in einer Höhle am Cardener in den Pyrenäen die Erleuchtung hatte:

In Barcelona holte er seine Schulbildung nach und begann ein Theologiestudium.

Durch seine Ansichten fiel er der Inquisition auf, wurde nach ernster Befragung 8 Wochen eingesperrt und vom theologischen Studium ausgeschlossen.

Trotzdem wurde er in Venedig zum Priester geweiht, wo er sich aufgehalten hatte, um nach Jerusalem zu reisen, um dort zu missionieren.

Da die Türken jedoch in Palästina herrschten, war an eine Missionsreise ins Heilige Land nicht zu denken.

Deshalb reiste er nach Rom und trug dem Papst seine Absicht vor, in den Gebieten zu missionieren, die die katholische Kirche an die Reformation verloren hatte.

Papst Paul III. genehmigte drei Jahre später die Gründung der Gesellschaft Jesu, der Jesuiten. Ignatius wurde zum ersten Ordensgeneral ernannt.

Die Ordenshierarchie und die Regeln orientierten sich an den militärischen Rängen und Disziplinarvorschriften, eine eigene Ordenstracht wurde abgelehnt.

Der Orden wurde schnell zu einem wichtigen Träger der Gegenreformation, ein starkes Wachstum vor allem in Spanien setzte ein.

Nach seinem Tod wurde er 1609 selig und 1622 heiliggesprochen.

# Dreißigjähriger Krieg

Doch die bisher erwähnten Religionskriege waren nur
Vorgeplänkel auf dem Weg in die Katastrophe des
Dreißigjährigen Krieges:

Der katholische deutsche Kaiser hatte keine Wahl: er
musste im Interesse der Einheit des Reiches
versuchen, die protestantischen Fürstentümer
zurückzuerobern. Er stand auf der Seite der
katholischen Liga gegen die protestantische Union.

Der Prager Fenstersturz 1618 führte zuerst zu einem
Religionskrieg auf dem Boden des Heiligen römischen

Reiches, dann auf europäischer Ebene zum französisch-habsburgischen Konflikt.

Das katholische Frankreich, dass sich vom habsburgischen Spanien und dem Deutschen Reich schon länger umzingelt fühlte, sah die Zeit zum Handeln gekommen, um mit Schweden, Dänemark und den Niederlanden den Kaiser an der Errichtung eines allzu mächtigen Reiches zu hindern.

Die Grenzen zwischen religiösen und politischen Interessen verschwammen mit der Zeit völlig:

Auf den böhmisch-pfälzischen Krieg folgte der deutsch-niederländische Krieg.

Als er Kaiser durch die siegreichen Generäle Wallenstein und Tilly kurz vor dem Sieg über die Union stand, traten die protestantischen Schweden als Retter auf. Der schwedische König Gustav Adolf brachte den Kaiser in arge Bedrängnis:

Aus Angst, ein Friedensschluss zwischen Schweden und dem Kaiser würde Frankreichs Interessen zu sehr benachteiligen, trat Frankreich in den so genannten Schwedisch-Französischen Krieg ein, um gegen die Kaiserlichen, (auch Katholiken!) zu kämpfen.

Die Bevölkerung war den Fürsten gleichgültig, erst als der Krieg sich nicht mehr durch Plündern und Brandschatzen selbst ernähren konnte und nichts mehr aus Land und Leuten herauszupressen war, schloss man den Westfälischen Frieden.

Millionen Deutsche waren gestorben; wenn nicht durch die Kämpfe und Plünderungen, dann durch Hunger und Seuchen, da die riesigen Söldnerarmeen aus ganz Europa nichts übrigließen.

Wallenstein war überzeugt, dass eine große Armee leichter finanziert werden könne als eine kleine, da damit mehr Druck auf die Zivilbevölkerung auszuüben war.

Hatte wieder mal der rechte Glaube gesiegt?

Der Augsburger Religionsfrieden, der hundert Jahre zuvor geschlossen wurde, wurde wiederhergestellt; die freie Kirchenwahl festgeschrieben.

Deutschland war zerstört, die wichtigsten Zugänge zur Welt (Flussmündungen und Überseehäfen) waren in der Hand der Schweden und der jetzt selbständigen Niederlande; somit konnten die Deutschen nicht vom jetzt erstarkenden Überseehandel profitieren.
Frankreich war mächtigste Macht in Europa geworden.

Da es keinen deutschen Zentralstaat gab und die Fürstentümer lange mit sich selbst beschäftigt waren, hatte das auf lange Frist Folgen:

England, Frankreich, Holland und andere teilten sich die Welt unter sich auf:

In Nordamerika verheizten Engländer und Franzosen wie schon erwähnt die Indianer im Siebenjährigen Krieg.

Der Holländer Abel Tasman umsegelte Australien und entdeckte Neuseeland; nach ihm wurde Tasmanien benannt.

Der Brite James Cook befuhr auf drei Fahrten den Pazifik, den er genau kartographierte und entdeckte dabei zahlreiche Inseln. Er wies nach, dass es nicht möglich war, die Nordwestpassage zu durchfahren und dass Terra Australis nicht existierte.

Seit der Antike glaubte man nämlich, alle Meere müssten mit Land umgeben sein, so wie das Mittelmeer. Deshalb vermutete man auf der Südhalbkugel Terra Australis Incognita, eine große Landmasse, die den Indischen Ozean begrenzt und mit Afrika verbunden ist.

Incognita, weil bisher noch niemand diesen Kontinent gesehen hatte.

1779 legte er auf den Sandwich-Inseln (Hawaii) in der Kealakekua-Bucht an, genau zum Zeitpunkt eines Festes zu Ehren des Gottes Lono.

Nur an diesem Tag war das sonst über die Bucht verhängte Kapu, das den geheiligten Ort unantastbar machte, außer Kraft gesetzt.

Vermutlich hielten die Eingeborenen den Kapitän für Lono persönlich und ehrten ihn.

Cook konnte nicht wissen, dass die Bucht nach diesem Tag wieder tabu war; als er nach einigen Tagen mit seinem Schiff, der Resolution, zurückkehrte, um den bei einem Sturm beschädigten Mast zu ersetzen, griffen die Eingeborenen an und töteten Cook und vier seiner Männer.

Captain Charles Clerke, der nach Cooks Tod das Kommando übernommen hatte, versuchte unter Vermittlung eines Priesters und eines Sohnes des Königs der Insel, die Leichen zurückzuerhalten. Diese waren bereits zerstückelt und an verschiedene Familien verteilt worden, teilweise waren die Körperteile schon verbrannt worden.

Damit ehrten die Hawaiianer traditionell ihre Häuptlinge.

Eine Woche dauerte es, um wenigstens einen Teil der Leichenteile zurückzuerhalten.

Cook konnte nur anhand einer vor Jahren auf Neuseeland entstandenen Brandwunde an seiner Hand identifiziert werden.

Bevor die Schiffe den Heimweg antraten, wurde in der Bucht eine Seebestattung abgehalten.

# Polynesien und Ozeanien

Bei den pazifischen Inselvölkern wie den Polynesiern gibt es kein eigenes Wort für Religion; einen Unterschied zwischen hiesiger und jenseitiger Welt gibt es nicht.

Die Glaubenswelt wird von Dämonen, Ahnengeistern und anderen Geisterwesen bevölkert. Die Ahnen gelten als wichtige Instanz und müssen bei allen wichtigen Entscheidungen befragt werden. Außer den wichtigsten Gottheiten Maui und Tiki hatte jedes Adelsgeschlecht seinen eigenen Gott.

Bekannt sind die Mondgöttin Hina und Pele, die Göttin der Vulkane.

Weitere Hauptgötter sind der Kriegsgott Tu, der auch Menschenleben fordert. Rongo oder Lono, der Gott des Friedens und der Landwirtschaft. Tane ist der Bringer des Sonnenlichtes und des Lebens.

Tangaroa ist als oberster Schöpfergott der Gott des Meeres: er entschlüpfte dem Weltei, wobei es zerbrach. Der obere Rand der Schale bildet den Himmel, der untere die Erde.

Die Polynesier sehen sich als Spielball und Opfer dieser jenseitigen Mächte, doch kann man magischen Einfluss auf den Verlauf des Schicksals nehmen. Hierzu kann man Priester, von Geistern Besessene oder auch Zauberer befragen.

Als Tabu wird ein unbedingtes Verbot bezeichnet, Personen, Gegenstände oder Tiere zu berühren oder anzusprechen bzw. bestimmte Orte zu betreten, die als Sitz oder Träger einer bestimmten Art von Mana (Macht) gelten.

Oft genug wurde wegen eines Tabubruches die Todesstrafe vollzogen.

Mit der Zeit der Entdeckungen und des Kolonialismus ging es den unzähligen Religionen und uralten Überlieferungen der „Wilden" an den Kragen:

Die spanischen und portugiesischen Eroberer sahen ihre gewalttätige Eroberung Lateinamerikas in göttlichem Auftrag legitimiert, den Rest erledigten die Missionare, die ihnen folgten.

Auch die Afrikaner und Ozeanier, zuletzt die Aborigines in Australien bekamen zu spüren, wie gut sich die Kolonialherren mit ihren Truppen und die Missionare ergänzten. Wie ganz am Anfang beschrieben, ließ der wissenschaftliche und technische Fortschritt die traditionellen Weltbilder erschüttern.

Erst heutzutage erkennt man langsam, dass man durch die Ausbreitung des abendländischen Christentums und der modernen Kultur des ungezügelten Materialismus zu weit gegangen ist. Die Missachtung der natürlichen Kreisläufe und der elementaren menschlichen Bedürfnisse hat die ganze Welt in Gefahr gebracht.

Doch zurück nach Europa:

Wie schon erwähnt, hatten die Deutschen bei der geschilderten Aufteilung der Welt unter den Kolonialmächten Nachholbedarf:

Nach der Gründung des Deutschen Reiches unter Bismarck fing das Kaiserreich an aufzurüsten, um endlich auch ein Stück vom Kuchen zu bekommen, der aber schon verteilt war.

Da sich wiederum England und Frankreich davon bedroht fühlten, kam es zur Katastrophe des Ersten Weltkrieges, der den Grundstein zur noch größeren Katastrophe des Zweiten Weltkrieges legte.

Bismarck, der Lutheraner war, stilisierte im Laufe seiner Karriere die Katholiken zu Reichsfeinden. Im Rahmen des Kulturkampfes wurden verschiedene Gesetze gegen die Katholiken erlassen und nach und nach verschärft.
Die Machtstellung der Kirche wurde beschnitten und die Zivilehe eingeführt.
Bismarck sagte: „Keine Sorge, nach Canossa werden wir nicht gehen müssen, weder körperlich noch geistig!" Auch sah er sich gezwungen, Sozialistengesetze zu erlassen:
Sozialdemokratische, sozialistische und kommunistische Vereine, Versammlungen und Schriften wurden verboten; es kam zu Massenverhaftungen und Ausweisungen.
Dazu hatte er auch guten Grund, denn die sozialrevolutionären Gedanken bargen einigen Sprengstoff:

# Neue revolutionäre Gedanken

100 Jahre vor dem ersten Weltkrieg wurde Karl Marx geboren.

Er war Philosoph, Ökonom, Gesellschaftstheoretiker sowie Kritiker der bürgerlichen Gesellschaft und der Religion.

Seine Theorien hatten das Ziel einer herrschaftsfreien und klassenlosen Gesellschaft.
Hätte er dieses Buch gelesen, hätte er erkannt, dass der Mensch noch nie ohne Herrscher bzw. Anführer und schon gar nicht ohne verschiedene Klassen bzw. Stände zurechtkam, um sich gegenüber den anderen abzugrenzen.

Wie dem auch sei:

Der Gedanke an soziale Gleichheit und die Freiheit aller Mitglieder der Gemeinschaft liest sich - gerade unter dem Wissen der damaligen Verhältnisse- erstmal wohlwollend.

Auch die Parole machte was her: „Proletarier aller Länder, vereinigt euch!"
Klang genauso gut wie „Allahu Akbar (Gott ist größer)" oder „Gott will es" in den Kreuzzügen oder „Gott mit uns", das auf den Koppelschlössern von Hitlers Soldaten eingraviert war.
Das Problem war die Grundlage, die das alles garantieren sollte:
Das Gemeineigentum und die kollektive Problemlösung.
Was, wenn keiner mehr für sein persönliches Eigentum oder das seiner Familie sorgt?

Was, wenn alle gleiches Mitspracherecht bei jedem Problem haben?

Eine Fraktion der sozialdemokratischen Arbeiterpartei Russlands bezeichnete sich als Bolschewiki (Mehrheitler). Diese radikale Fraktion begründete den Sammelbegriff für alle kommunistischen

Bestrebungen, die vor allem in Russland ihren Siegeszug antraten.

Demgegenüber standen die Menschewiki (Minderheitler).

Der Klassenkampf der „Roten" (Bolschewisten) gegen die „Weißen" (alle, die gegen sie kämpften) führte zum russischen Bürgerkrieg, der unerbittlich auch gegen die normale Bevölkerung geführt wurde. Millionen Menschen starben allein durch den Bürgerkrieg, den die besser organisierten und mit ideologischem Fanatismus kämpfenden Roten gewannen.

Die neuen kommunistischen Machthaber krempelten das Land radikal um.

Das Ergebnis:
Weitere Millionen Tote durch Zwangskollektivierungen und daraus entstehendem Hunger.

Privateigentum wurde abgeschafft.

Kein selbstbestimmtes Leben und Arbeiten führte zu Demotivation und sozialer Gleichgültigkeit statt Gleichheit.

Die gläubigen orthodoxen Christen wurden Repressalien ausgesetzt, gefoltert, erschossen oder nach Sibirien verbannt.

Auch ließen die Kommunisten abertausende Priester hinrichten oder schickten sie ins Arbeitslager.

Und die herrschaftsfreie Gesellschaft?

Ein Witz, wie sich zeigen sollte.
Einige der größten Diktatoren entstanden aus dem Kommunismus. Die Führer und Parteibonzen sicherten sich ihre Pfründe.

Nur durch den „Großen Terror", in dem willkürlich Millionen verhaftet wurden und verschwanden, konnte sich Stalin an der Macht halten.

Der Kampf gegen den Bolschewismus wiederum
gab Hitler die Möglichkeit, seine Expansionspolitik
nicht nur auf die Notwendigkeit, Lebensraum im
Osten zu erobern, zu stützen:

Der Begriff Bolschewismus wurde von den
Nationalsozialisten vor allem mit rassischen
Glaubensvorstellungen vermischt:
Juden, Sinti und Roma als semitische Rasse und die
Slawen als Untermenschen mussten als Feinde der
Volksgemeinschaft vernichtet werden.

Der Arier-Nachweis wurde eingeführt und die
Bevölkerungspolitik unter rassischen
Gesichtspunkten gleichgeschaltet.
Die angestrebte Volksgemeinschaft sollte eine
Lebensgemeinschaft werden, die aufgrund
blutmäßiger Verwandtschaft, gemeinsamem Schicksal
und gemeinsamem politischen Glauben ein rein
deutsches Volk darstellt, dem Klassen- und
Standesgegensätze fremd sind.

Keine Klassengegensätze!
Eigentlich genau das Endziel, wofür die
Kommunisten kämpften!
So kämpfte jeder für seine Ideologie.

Man braucht halt Ziele, für die es sich zu kämpfen lohnt:
Für Gott und Vaterland. Für Gott und Kaiser. Für Lebensraum im Osten und Kampf gegen den Kommunismus. Diese Reihe lässt sich beliebig fortsetzen...

Wichtig: Ich muss es nur fertigbringen, dass andere bereit sind, für meine Ideen in den Tod zu gehen.
50 Millionen Tote waren das Ergebnis.

Nach dem zweiten Weltkrieg lebte die Welt 50 Jahre lang in Angst vor einem Atomkrieg, als sich die beiden führenden „Glaubensrichtungen", die Kommunisten und die Kapitalisten, durch nukleares Wettrüsten in Schach hielten.

Nach dem Fall des „eisernen Vorhangs" hoffte die Welt auf Frieden ohne Abschreckung.

## Neue Propheten treten ins Rampenlicht:

Osama bin Laden schickte seine Jünger per Passagierflugzeug ins Paradies, wo angeblich 24 Jungfrauen auf sie warten:

Eine Hand voll Männer versetzten mit dem Einsturz des World Trade Centers der verhassten westlichen Welt einen solchen Schlag, wie ihn eine Armee mit Millionen Soldaten nicht fertiggebracht hätte.

Die Jünger der Propheten des Silicon Valley lechzen nach überteuerten Statussymbolen, um im Zeichen des angebissenen Apfels zu einer elitären Glaubensgemeinschaft gehören zu können.

Wir wollen Steve Jobs wünschen, im Paradies zusammen mit Adam und Eva hin und wieder in Ruhe einen Apfel vom Baum der Erkenntnis zu stibitzen, so lange Eva nicht sieht, wieviel Herr Jobs mit dem Symbol ihrer Tat verdient hat, sonst hat er schnell eine Urheberrechtsklage am Hals...

# Keine Grenzen mehr

500 Jahre nach Erfindung des Buchdruckes
erfolgte die nächste Medienrevolution: Mit der
Erfindung des Internets hat sich die Menschheit
wieder mal selbst übertroffen:
Jeder kann jederzeit mit jedem in Echtzeit und mit
Livebildern kommunizieren.
Eine gute Sache und ein unglaublicher Fortschritt
gegenüber unseren Vorfahren.

Das Ergebnis:
In der Sicherheit der Anonymität des Netzes zeigt der
Mensch sein wahres Gesicht:

Hass, Hetze, Fake-News und Anleitungen zum
Bombenbauen machen die Runde.

Kinderpornographie und Gewaltvideos
überschwemmen das Netz.

Durch die ständige Flut an ungefilterten
Informationen ist es nicht mehr möglich, die in
diesem Buch vielzitierte Wahrheit und Wahrhaftigkeit
zu finden.

Wissen durch Bildung oder gar Lernen ist nicht mehr gefragt; mit zwei Klicks weiß jeder auf jede Frage die Antwort.
Oder auch nicht:
Früher glaubte man, dass zu wenig Gelegenheit auf Bildung dumm macht.
Heute hat man Gelegenheit zu viel:
Das Ergebnis kennt jeder…
Das Smartphone ist der beste Freund und unverzichtbarer Begleiter der Menschen.

Soziale Kontakte im traditionellen Sinn sterben aus; die virtuelle Realität ersetzt die Wirklichkeit.
Global Player wie Taylor Swift haben mit ihren Followern ungewollte und ungeahnte Macht...

Man präsentiert sich so, wie man gerne wäre, nicht, wie man in Wirklichkeit ist.
Von jedem Ort der Welt kann per Joystick der Drohnenkrieg geführt werden.

Früher kamen die Menschen selten über den Dorfrand hinaus, heute sind ständig tausende Flugzeuge in der Luft, damit man mal kurz zum Shoppen nach New York oder Dubai kann, nur um sich im Anschluss über den Klimawandel zu empören.

**An was genau glauben wir Menschen noch?**

Der Papst exkommuniziert die Mafia, weil die Zugehörigkeit in einer kriminellen Vereinigung nicht mit dem Christentum vereinbar sei.

Gleichzeitig kommen immer mehr Missbrauchsfälle ans Licht; ebenso wie die Kirche als Institution diesen Missbrauch, den es schon immer gab- auch in anderen Religionen- professionell verschwiegen hat.

Der Iran (die schiitischen Perser) kämpft in Syrien, Irak und Jemen an der Seite von Assad (schiitischer Alawit) gegen die sunnitischen Araber.
Sie sind alle Moslems.

Gerettet hat Assad das Eingreifen der christlich orthodoxen Russen, die ihren Einfluss im Mittelmeer damit gesichert haben. (Von ihnen hat sich die ukrainische orthodoxe Kirche abgespalten.)

Afghanistan wurde durch den russischen Einmarsch am Weihnachtstag 1979 vollkommen zerstört.
Nach dem Einmarsch der Amerikaner 2001, die genauso wie die Russen es nicht schafften, die moslemischen Kämpfer zu besiegen, wurde es jetzt wieder den Taliban überlassen.

Ging es um die Rechte der Frauen?
Um Religion?
Um Rohstoffe?
Um Macht und Einfluss?
Genau! (Jedenfalls nicht um die Menschen.)

Saddam Hussein im Irak und Muammar al-Gaddafi in Libyen wurden durch den Westen beseitigt.
Erst danach erkannte man, dass die Araber wegen ihres traditionellen Stammesdenkens nie lupenreine Demokraten werden: Stabilität brachte bisher immer nur eine harte Hand.

Die lupenreinen Demokraten in der EU, die mit den Flüchtlingsströmen aus Syrien und Afghanistan völlig überfordert sind, müssen mit neuen politischen Gruppierungen kämpfen, da die berechtigten Ängste der Bürger im Namen der christlichen Nächstenliebe lange nicht ernst genommen wurden.
Die Russen verbünden sich mit China und Nordkorea gegen den wirtschaftlichen und ideologischen Feind: den Westen.

Das Spiel um Glaube(n) und Macht wird uns noch genügend Geschichte(n) schreiben.

# Wir sind alle verwandt

Je nachdem, wie man rechnet, sind bis heute über 100 Milliarden Menschen geboren worden.

Beginnt man mit der Menschwerdung ungefähr um 50.000 v.Chr., so entfallen auf die ersten 42.000 Jahre bis zum Beginn der Sesshaftwerdung vor 10.000 Jahren nur 1 Prozent der bisherigen Weltbevölkerung. Auch wenn man diese lange Zeitspanne, die geringe Lebenserwartung und die damals hohe Geburtenrate mitrechnet.

Auf die letzten 2.000 Jahre entfallen jedoch über 50 Prozent aller jemals gelebter Menschen.

Der Tobasee in Indonesien entstand bei der Eruption des Supervulkans Toba (Kategorie 8) vor ca. 73.000 Jahren, die weltweit zu einer extremen Abkühlung des Klimas (bis zu 4 Grad) führte.

In der Folge hatten wohl nur einige Tausend Vorfahren des heutigen Menschen den vulkanischen Winter in Afrika überlebt. (Flaschenhalstheorie beim Menschen: die geringe genetische Vielfalt beim Menschen lässt auf diesen genetischen Flaschenhals schließen).

**Das heißt, wir sind alle näher miteinander verwandt als uns lieb ist!**

Heute leben über acht Milliarden Menschen auf der Welt.
Ebenso viele verschiedene Glaubensrichtungen gibt es.

Trotzdem: Die Menschheit hat bewiesen, dass der Weltfrieden immer eine Utopie sein wird.
Was wäre, wenn wir alle gleich wären?
Laaaangweilig!

Wären wir dann auf Dauer zufrieden?

Irgendwas wäre immer ein willkommener Grund zum Stänkern.
Wir haben gesehen:
In jeder Mythologie gibt es Neid, Brudermord, Hass und Verrat.

Der Mensch will geführt und verführt werden von einigen Wenigen, die ihm sagen, wo es langgeht.

Mit dem Glauben ist es wie am Stammtisch in der Kneipe: Der Lauteste hat am Ende Recht.

Sunniten gegen Schiiten. Juden gegen Palästinenser. Christen gegen Moslems. Indien gegen Pakistan. Schwarze gegen Weiße.
Wir werden nie Ruhe geben.

Weißt Du noch? Auf Seite 14 steht, Glaube ist immer der Wunsch nach Geborgenheit und Zugehörigkeit.

Das schließt aus, dass alle ihren Kindern beibringen, dass wir alle nur Menschen sind und uns alle liebhaben. Es wird immer „die Anderen" geben.

Nochmal:
Glaube ist schon immer auch Macht:
Gib einem Menschen eine Waffe in die Hand und er wird töten.
Gib einem Menschen Macht und er wird sie missbrauchen.

So, geneigter Leser:
Kein Grund, zu resignieren; man kann sich die Verwandtschaft nun mal nicht aussuchen!
Mit Humor geht alles leichter!

Jeder von uns glaubt an irgendwas.

Und Du? Wann warst Du denn das letzte Mal in der Kirche oder einem anderen Gotteshaus?
Oder ist Dein Gotteshaus schon verkauft, abgerissen oder in eine Moschee umgewandelt, weil Keiner mehr hingeht?

Falls Du öfter gehst:

Sei Du stark in Deinem Glauben, sei wahrhaft und wehrhaft, denn wenn Du zu sehr tolerant bist, wirst auch Du von Stärkeren im Glauben hinweggefegt werden.

Mach es wie Brian von Nazareth und seine Mama: Lass uns zur Steinigung gehen!

211